工程施工现场技术管理丛书

资 料 员

赵俊丽　主编

中 国 铁 道 出 版 社
2016年·北京

内 容 提 要

本书为工程施工现场技术管理丛书之一，内容丰富，通俗易懂，针对性强。

本书内容共六章，包括工程资料概述、工程建设管理与勘察设计资料、工程施工资料、工程监理资料、工程竣工验收资料、工程竣工文件等。

本书既可供相关工程技术人员使用，又可供大中专院校师生参考。

图书在版编目(CIP)数据

资料员/赵俊丽主编．—北京：中国铁道出版社，2010.12（2016.5重印）
（工程施工现场技术管理丛书）

ISBN 978-7-113-11946-1

Ⅰ.①资… Ⅱ.①赵… Ⅲ.①建筑工程—技术档案—档案管理—基本知识 Ⅳ.①G275.3

中国版本图书馆 CIP 数据核字(2010)第 184802 号

书　　名：工程施工现场技术管理丛书
　　　　　资　料　员

作　　者：赵俊丽

策划编辑：江新锡　徐　艳
责任编辑：许士杰　　　　**电话**：51873193
封面设计：崔丽芳
责任校对：张玉华
责任印制：李　佳

出版发行：中国铁道出版社(100054，北京市西城区右安门西街 8 号)
网　　址：http://www.tdpress.com
印　　刷：三河市兴达印务有限公司
版　　次：2010 年 12 月第 1 版　2016 年 5 月第 2 次印刷
开　　本：787mm×1092mm　1/16　印张：12.5　字数：311 千
书　　号：ISBN 978-7-113-11946-1
定　　价：29.00 元

前　言

我国正处在经济和社会快速发展的历史时期，工程建设作为国家基本建设的重要部分正在蓬勃发展，铁路、公路、房屋建筑、机场、水利水电、工厂等建设项目在不断增长，国家对工程建设项目的投资巨大。随着建设规模的扩大、建设速度的加快，工程施工的质量和安全问题、工程建设效率问题、工程建设成本问题越来越为人们所重视和关注。

加强培训学习，提高工程建设队伍自身业务素质，是确保工程质量和安全的有效途径。特别是工程施工企业，一是工程建设任务重，建设速度在加快；二是新技术、新材料、新工艺、新设备、新标准不断涌现；三是建设队伍存在相当不稳定性。提高队伍整体素质不仅关系到工程项目建设，更关系到企业的生存和发展，加强职工岗位培训既存在困难，又十分迫切。工程施工领域关键岗位的管理人员，既是工程项目管理命令的执行者，又是广大建筑施工人员的领导者，他们管理能力、技术水平的高低，直接关系到建设项目能否有序、高效率、高质量地完成。

为便于学习和有效培训，我们在充分调查研究的基础上，针对目前工程施工企业的生产管理实际，就工程施工企业的关键岗位组织编写了一套《工程施工现场技术管理丛书》，以各岗位有关管理知识、专业技术知识、规章规范要求为基本内容，突出新材料、新技术、新方法、新设备、新工艺和新标准，兼顾铁路工程施工、房屋建筑工程的实际，围绕工程施工现场生产管理的需要，旨在为工程单位岗位培训和各岗位技术管理人员提供一套实用性强、较为系统且使用方便的学习材料。

丛书按施工员、监理员、机械员、造价员、测量员、试验员、资料员、材料员、合同员、质量员、安全员、领工员、项目经理十三个关键岗位，分册编写。管理知识以我国现行工程建设管理法规、规范性管理文件为主要依据，专业技术方面严格执行国家和有关行业的施工规范、技术标准和质量标准，将管理知识、工艺技术、规章规范的内容有机结合，突出实际操作，注重管理可控性。

由于时间仓促，加之缺乏经验，书中不足之处在所难免，欢迎使用单位和个人提出宝贵意见和建议。

编　者

2010 年 12 月

目　　录

第一章　工程资料概述

第一节　工程资料管理

一、工程资料的组成

建设项目资料是指建设项目在立项、审批、招投标、勘察设计、施工、监理及竣工验收过程中形成的不同载体形式的文字、图表、声像等资料。按管理责任、资料性质、形成阶段等可分为5类，包括建设管理资料（A类）、勘察设计资料（B类）、施工资料（C类）、监理资料（D类）和竣工验收资料。

（1）建设管理资料：以建设单位为主在建设项目实施过程中形成、收集的资料。

（2）勘察设计资料：建设项目的勘察、设计资料，含变更设计资料和工程咨询资料等。

（3）施工资料：施工过程中形成的资料。

（4）监理资料：监理过程中形成的资料。

（5）竣工验收资料：建设项目在静态验收、动态验收、初步验收、安全评估和国家（正式）验收过程中形成的资料。

二、施工资料管理要求

（1）施工资料应实行报验、评审管理。施工过程中形成的资料应按报验、报审程序，通过相关施工单位审核后，方可报建设（监理）单位。

（2）施工资料的报验、报审应有时限性要求。工程相关各单位宜在合同中约定报验、报审资料的申报时间及审批时间，并约定应承担的责任。当无约定时，施工资料的申报、审批不得影响正常施工。

（3）建筑工程实行总承包的，应在与分包单位签订施工合同中明确施工资料的移交套数、移交时间、质量要求及验收标准等。分包工程完工后，应将有关施工资料按约定移交。

三、工程资料管理职责

1.通用职责

（1）建设各方应以国家和铁道部相关的法律、法规和现行标准为依据，并按合同约定和设计文件要求开展建设项目资料管理工作。

（2）建设各方应根据项目特点和规模，配备相应的资料管理人员，明确岗位职责，加强教育培训，提高业务素养和工作能力。

（3）建设各方应根据资料管理工作需要配置相应的设备设施，保证必要的工作条件，并应积极采用信息化技术。

（4）建设各方应保证各自资料的真实性，严禁涂改、伪造、随意抽取或损毁。

（5）建设各方应根据建设项目具体情况确定资料的保密范围和密级等。

(6)录音、录像等资料应加注必要的说明,并保证载体的有效性。

(7)工程咨询、地质勘察监理、检测机构等单位应按有关规定和委托合同约定做好资料管理工作。

2.建设单位职责

(1)建设单位应负责对其形成、收集的资料进行整理和保管。

(2)建设单位应负责组织、协调和指导勘察设计、施工、监理等单位编制各方的资料,并定期进行检查。

(3)建设单位应在签订合同、协议时,设立专门条款,明确资料的编制责任、提供套数、质量要求和时限等。

(4)建设单位应向勘察设计、施工、监理、检测机构等单位提供必要的文件资料。

3.勘察设计单位职责

(1)勘察设计单位应负责对其形成、收集的资料进行整理和保管。

(2)勘察设计单位应按规定向有关单位提供勘察设计资料。

(3)勘察设计单位应按规定对有关资料进行签署。

4.施工单位职责

(1)施工单位应负责对其形成、收集的资料进行整理和保管。

(2)施工单位应对其编制资料的真实性、准确性和完整性负责。

(3)施工总承包单位负责汇总、审核分包单位编制的资料,对资料管理负总责。分包单位应对其分包工程范围内的资料管理负责。

5.监理单位职责

(1)监理单位应负责对其形成、收集的资料进行整理和保管。

(2)监理单位应对其编制资料的真实性、准确性和完整性负责。

(3)监理单位应按规定对施工单位、检测机构等提供的资料进行检查、核实,确认后予以签署。

第二节 铁路资料分类与编号

一、资料编号组成

(1)铁路建设项目资料在其管理过程中应进行编号。

(2)铁路建设项目资料编号可由项目代号(或简称)、标段代号(或简称)、资料代号(或简称)、专业代号(或简称)、单位工程编号(或简称)和资料顺序号组成。如下所示:

×××	-	×××	-	×××	-	×××	-	×××	-	×××
项目代号(或简称)		标段代号(或简称)		资料代号(或简称)		专业代号(或简称)		单位工程代号(或简称)		资料顺序号

建设项目资料应按管理责任、资料性质、形成阶段等进行分类。资料代号按以下分类。

主类:共分5类,以英文大写字母表示其代号。建设管理资料(A类)、勘察设计资料(B

类)、施工资料(C类)、监理资料(D类)和竣工验收资料(E类)。

子类:每一主类中的资料可划分为不同的子类。在所属主类代号后以阿拉伯数字表示其代号,如A1、B2……。

次子类:每一子类中的资料可划分为不同的次子类。在所属子类代号后以横线和阿拉伯数字表示,如A1—1、B2—2……。

(3)对于不涉及具体标段、专业、单位工程中任何一项或者几项的资料,在资料编号中可取消该部组成分。如下所示:

×××　-　×××　-　×××

项目代号(或简称)　资料代号(或简称)　资料顺序号

二、资料编号规定

(1)建设管理资料(A类)应符合表1—1的规定。

表1—1　建设管理资料(A类)

资料代号	资料名称	形成(X)、收集(S)				纳入竣工文件
		建设单位	勘察设计单位	施工单位	监理单位	
A1	建设单位内部管理资料					
A1—1	管理机构资料	X				√
A1—2	管理制度资料	X				
A2	立项决策资料					
A2—1	预可行性研究报告	S	X			√
A2—2	预可行性研究报告批复文件	S	S			√
A2—3	环境影响报告书	S	X			√
A2—4	环境影响报告书批复文件	S	S			√
A2—5	水土保持方案报告书	S	X			√
A2—6	水土保持方案报告书批复文件	S	S			√
A2—7	节能报告书	S	X			√
A2—8	节能报告书批复文件	S	S			√
A2—9	防洪影响评估报告书	S	X			√
A2—10	防洪影响评估报告书批复文件	S	S			√
A2—11	通航论证报告书	S	X			√
A2—12	通航论证报告书批复文件	S	S			√
A2—13	地震安全性评估报告书	S	X			√
A2—14	地震安全性评估报告书批复文件	S	S			√

续上表

资料代号	资　料　名　称	形成(X)、收集(S)				纳入竣工文件
		建设单位	勘察设计单位	施工单位	监理单位	
A2—15	文物保护影响评估报告书	S	X			√
A2—16	文物保护影响评估报告书批复文件	S	S			√
A2—17	可行性研究报告	S	X			√
A2—18	可行性研究报告批复文件	S	S			√
A3	征地拆迁资料					
A3—1	建设用地预审资料	S	X			√
A3—2	建设用地预审资料批复文件	S	S			√
A3—3	选址意见书、建设用地规划许可证	S	S			√
A3—4	勘测定界成果资料	S		S		√
A3—5	施工用地图纸、资料	S	X	S		√
A3—6	建(构)筑物评估报告	S		S		
A3—7	征地拆迁现场操作资料	S		X		√
A3—8	临时用地租用协议资料	S		X		
A3—9	征地拆迁管理台账	X		X		
A4	招投标管理资料					
A4—1	招标计划	X				√
A4—2	招标计划批复文件	S				√
A4—3	招标公告	X				√
A4—4	资料预审文件、招标文件	X	S	S	S	√
A4—5	资格后审批准文件	S				√
A4—6	资格预审评审资料	X				√
A4—7	投标文件	S	X	X	X	√
A4—8	开标记录文件	X				√
A4—9	评标报告	X				√
A4—10	中标通知书、中标结果通知书	X	S	S	S	√
A4—11	招投标情况书面报告	X				√
A5	合同管理资料					
A5—1	合同审查资料	X				√
A5—2	合同联签文件	X				√
A5—3	合同变更、解除及纠纷处理文件	X	X	X	X	√
A5—4	合同文本	X	X	X	X	√
A5—5	合同管理台账	X				
A6	开工报告					
A6—1	建设项目开工报告	X				√
A6—2	建设项目开工报告批复文件	S				√

续上表

资料代号	资 料 名 称	形成(X)、收集(S)				纳入竣工文件
		建设单位	勘察设计单位	施工单位	监理单位	
A6—3	合同标段和重点工程开工报告	S		X	X	√
A6—4	合同标段和重点工程开工报告批复文件	X		S	S	√
A6—5	单位工程开工报告	S		X	S	√
A6—6	单位工程开工报告批复文件	S		S	X	√
A7	技术管理资料					
A7—1	指导性施工组织设计资料	X	S	S	S	√
A7—2	施工技术调查资料	X				
A7—3	全线控制测量方案	S	X	S	S	√
A7—4	线路贯通测量资料	S	S	S	S	√
A7—5	系统集成与接口管理资料	X	S	S	S	
A7—6	科技成果资料	S				√
A7—7	工程项目总结	X				√
A8	物资设备管理资料					
A8—1	甲供(控)物资设备采购计划	X		S		
A8—2	甲供(控)物资设备质量记录	S		X	X	√
A9	质量安全管理资料					
A9—1	质量安全控制资料	X、S	X、S	X、S	X、S	
A9—2	质量安全事故资料	X、S	X、S	X、S	X、S	√
A9—3	专项检测资料	S	S	S	S	√
A10	质量安全监督资料					
A10—1	质量安全监督申报资料	X				
A10—2	质量安全监督审批资料	S				√
A10—3	质量安全监督实施资料	S	S	S	S	
A10—4	质量安全监督报告	S		S		√
A11	水土保持、环境保护资料					
A11—1	水土保持资料	S		X	S	√
A11—2	环境保护资料	S		X	S	√
A12	计划统计资料					
A12—1	年度计划资料	X		S	S	
A12—2	季度施工建议计划	X		S	S	
A12—3	滚动计划	X				
A12—4	月、年统计报表	S		X	S	
A12—5	计划统计管理台账	X		X	X	
A13	投资控制资料					
A13—1	投资估算文件	S	X			√

续上表

资料代号	资 料 名 称	形成(X)、收集(S)				纳入竣工文件
		建设单位	勘察设计单位	施工单位	监理单位	
A13—2	投资估算审查修改文件	S	S			√
A13—3	设计概算	S	X			√
A13—4	鉴修概算	S	X			√
A13—5	投资检算	S	X			√
A13—6	分标段执行预算	S	X	S	S	√
A13—7	甲供物资价款资料	S	X	S	S	
A13—8	验工计价资料	S、X	S、X	S、X	S、X	√
A13—9	清理概算资料	S	X	S	S	√
A13—10	投资管理台账	X	X	X	X	

(2)勘察设计资料(B类)应符合表1—2的规定。

表1—2 勘察设计资料(B类)

资料代号	资 料 名 称	形成(X)、收集(S)				纳入竣工文件
		建设单位	勘察设计单位	施工单位	监理单位	
B1	勘察资料					
B1—1	勘察大纲资料	S	X			√
B1—2	勘察报告资料	S	X			√
B1—3	初测资料	S	X			√
B1—4	定测资料	S	X	S		√
B1—5	勘察监理资料	S	S			√
B2	设计资料					
B2—1	初步设计资料	S	X	S		√
B2—2	施工图设计资料	S	X	S	S	√
B2—3	变更设计资料	S	X	S	S	√
B2—4	工程咨询资料	S	S			√

(3)施工资料(C类)应符合表1—3的规定。

表1—3 施工资料(C类)

资料代号	资 料 名 称	形成(X)、收集(S)				纳入竣工文件
		建设单位	勘察设计单位	施工单位	监理单位	
C1	施工管理资料					
C1—1	施工组织机构资料	S		X	S	√
C1—2	施工管理规章制度资料	S		X	S	
C1—3	施工现场质量管理检查记录	S		X	X	
C1—4	分包单位物资资料			X	X	

续上表

资料代号	资料名称	形成(X)、收集(S)				纳入竣工文件
		建设单位	勘察设计单位	施工单位	监理单位	
C1－5	主要进场人员资料			X	X	
C1－6	主要进场施工机械、设备资料			X	X	
C2	施工技术资料					
C2－1	施工图现场核对资料	S	S	X	X	
C2－2	设计技术交底资料	S	X	X	S	
C2－3	交接桩及测量资料	S	X	X	S	
C2－4	工程风险评估与管理资料	X、S	X、S	X、S	S	
C2－5	超前地质预报资料	S	S	X	S	√
C2－6	实施性施工组织设计资料	S		X	X	
C2－7	施工技术交底			X	S	
C2－8	施工作业指导书			X	S	
C2－9	施工技术总结	S		X	S	√
C3	工程测量资料					
C3－1	施工测量实施方案资料			X	X	
C3－2	施工控制测量资料			X	X	√
C3－3	施工测量放样资料			X	X	√
C3－4	结构变形监测与控制资料			X	S	√
C3－5	沉降变形观测与评估资料	S	X	X	S	√
C3－6	竣工测量资料	S		X	S	√
C4	工程试验资料					
C4－1	工程试验实施方案资料			X	X	
C4－2	工程试验记录			X	S	
C4－3	工程试验报告			X	S	√
C5	施工记录资料					
C5－1	施工记录			X	X	√
C5－2	施工日志			X		√
C6	施工质量验收资料					
C6－1	物资设备质量验收资料			X	X	√
C6－2	检验批施工质量验收资料			X	X	√
C6－3	分项工程施工质量验收资料			X	X	√
C6－4	分部工程施工质量验收资料		X	X	X	√
C6－5	单位工程施工质量控制资料			X	X	√
C6－6	单位工程实体质量和主要功能核查资料			X	X	√
C6－7	单位工程观感质量检查资料	X		X	X	√
C6－8	单位工程验收资料	X	X	X	X	√

(4)监理资料(D类)应符合表1—4的规定。

表1—4 监理资料(D类)

资料代号	资料名称	形成(X)、收集(S)				纳入竣工文件
		建设单位	勘察设计单位	施工单位	监理单位	
D1	监理管理资料					
D1—1	监理组织机构资料	S			X	√
D1—2	管理规章制度资料				X	
D1—3	监理规划	S			X	√
D1—4	监理实施细则				X	√
D1—5	监理设备资料				X	
D1—6	监理日志				X	√
D1—7	监理日记				X	
D1—8	会议纪要和文函				X	
D1—9	监理月报	S			X	√
D1—10	监理工作总结	S			X	√
D1—11	工程质量评估报告	S			X	√
D2	施工监理资料					
D2—1	监理工程师通知单	S		S	X	
D2—2	监理工程师通知回复单	S		X	S	
D2—3	工程停(复)工令	S		S	X	√
D2—4	旁站监理记录			S	X	√
D2—5	见证、平行检测资料				X	√
D2—6	测量复核资料				X	
D2—7	工程延期报告及审批资料	S		X	X	√
D2—8	索赔申请报告及审批资料	S		X	X	√

(5)竣工验收资料(E类)应符合表1—5的规定。

表1—5 竣工验收资料(E类)

资料代号	资料名称	形成(X)、收集(S)				纳入竣工文件
		建设单位	勘察设计单位	施工单位	监理单位	
E1	基础资料					
E1—1	竣工图	S		X		√
E1—2	竣工表、册	S		X		√
E1—3	国有土地使用证	S				√
E1—4	水土保持、环境保护设施验收资料	S		S	S	√
E1—5	劳动、安全、卫生、消防设施验收资料	S		S	S	√
E1—6	竣工决算资料	X、S				√
E2	验收资料					

续上表

资料代号	资料名称	形成(X)、收集(S)				纳入竣工文件
		建设单位	勘察设计单位	施工单位	监理单位	
E2－1	静态验收资料	X	X	X	X	√
E2－2	动态验收资料	X、S	X、S	X、S	X、S	√
E2－3	初步验收资料	X、S	S	S	S	√
E2－4	安全评估报告	S	S	S	S	√
E2－5	国家(正式)验收资料	X、S	S	S	S	√

第三节　铁路工程施工资料管理程序

1.施工技术资料管理程序

首先由施工单位根据图纸及合同文件等要求编制施工组织设计、施工方案等，并进行内部审批并完善手续，将其编制的施工组织设计及方案待施工技术文件报审至建设(监理)单位。

建设(监理)单位对施工单位上报资料文件进行审核，给予批复意见，如批准认可施工技术文件，将对其编制《工程技术文件的审表》(A1 监)，如未获批准，将发出补充修改意见要求施工单位修改完善施工技术文件，直至审核通过。

随后施工单位依据建设(监)理单位的批复意见与技术文件编制：(1)施工组织设计交底，(2)施工方案技术交底，(3)分项工程施工技术交底；交底合格进施工质量验收及报验。

2.施工物资资料管理程序

在供应单位根据供货合同组织工程物资进场时需提如下相关技师证明文件：(1)出厂合格证，(2)厂家质量检验报告，(3)厂家质量保证书，(4)进口商品商检证明，(5)质量检验部门出具的检验报告，(6)环保、消防部门出具的认可文件等，以上文件内容应由供求以方事先约定；

施工单位组织工程物资进场检验采取抽样复试和开箱检查等方式检验，对不合格物资施行退货或按合同约定处理，合格的资进行进场验收，并提交如下记录和报告：(1)材料、构配件进场检验记录，(2)材料试验报告(通用)，(3)设备开箱检验记录，(4)设备及管道附件试验记录，(5)物资进场复试报告(试验或检验单位提供)。并报送建设(监理)单位进行审核签认合格，编制工程物资进场报验表，才能能准许工程物资投入工程使用。

3.施工质量验收记录管理程序

施工单位根据图纸、规范、方案、交底等组织施工，并负责进行过程、质量控制检查、检验，按规范、方案等编制以下资料：(1)施工测量记录，(2)施工物资资料，(3)施工记录，(4)施工试验记录等。并开始施工，在施工过程中施工单位进行自检，如遇不合格时，整改重新检查直至合格再报监理检验。

监理(建设)单位收到施工单位上报施工质量验收记录资料后，进行检验和审核并编制《检验批质量验收记录》，如果不合格，责令施工单位进行整改直至质量验收合格，方可进入下一道工序。

4.分项工程、子分部工程及分部工程质量验收程序

过程与施工质量验收记录管理程序类似，在施工单位上报监理(建设)单位后，进行检验并分别编制《分项工程质量验收记录》(子分部工程为《子分部工程质量验收记录》，分部工程为

《分部工程质量验收记录》),及《分项/分部工程报验申请表》(A7),合格后进入下一个流程。

5.工程验收资产管理程序

当同一单位(子单位)工程中合部分部工程都完成并验收通过后,施工单位进行自检,并编制:(1)单位(子单位)工程质量控制资料核查资料,(2)单位(子单位)工程安全和功能检验资料核查及主要功能抽查记录,(3)单位(子单位)工程观感质量检查记示,合格后报请监理单位验收。

监理单位进行预验收并编制《工程竣工报验单》(A8),不合格者责令施工单位进行整改直至合格。并列入城建档案馆接收工程,进行工程档案预验收,并由城建档案馆编制《建设工程竣工档案预验收意见》,并由监理单位上报建设单位。

建设单位组织设计、勘察、监理、施工等单位进行竣工验收,过程中勘察、设计、监理单位各自分别编制《工程质量检查报告》,施工单位编制《工程竣工报告》,建设单位编制《工程竣工验收报告》,期间还应做好《单位(子单位)工程质量验收记录》,验收不合格责令施工单位进行整改,直到竣工验收合格。

验收合格后工程移交建设单位,并由监理单位编制《竣工移交证书》(B8),同时办理工程竣工备案,并再准备除上述工程文件外的以下主要文件:(1)建设工程规定规划许可证及其他规划批复文件,(2)建设工程施工许可证,(3)工程质量监理注册登记表,(4)地基验槽检查记录,(5)建设工程消防验收意见书,(6)水质检验报告,(7)环保监测检验报告,(8)房屋建设工程质量保修书,(9)其他文件。

第四节 监理资料编制注意事项

(1)施工资料应实行报验、报审管理。施工过程中形成的资料应按报验、报审程序,通过相关施工单位审核后,方可报建设(监理)单位。

(2)施工资料的报验、报审应有时限性要求。工程相关各单位宜在合同中约定报验、报审资料的申报时间及审批时间,并约定应承担的责任。当无约定时,施工资料的申报、审批不得影响正常施工。

(3)建筑工程实行总承包的,应在与分包单位签订施工合同中明确施工资料的移交套数、移交时间、质量要求及验收标准等。分包工程完工后,应将有关施工资料按约定移交。

(4)监理资料管理的基本要求是:整理及时、真实齐全、分类有序。

(5)监理工程师应指定专人进行监理资料管理,总监理工程师为总负责人。

(6)应要求承包单位将有监理人员签字的施工技术和管理文件,上报项目监理部存档备查。

(7)应利用计算机建立图、表等系统文件辅助监理工作控制和管理,可在计算机内建立监理。

管理台账:

①工程材料、构配件、设备报验台账;

②施工试验(混凝土、钢筋、水、电、暖、通等)报审台账;

③分项、分部验收台账;

④工程量、月工程进度款报审台账;

⑤其他。

(8)监理工程师应根据基本要求认真审核资料,不得接受经涂改的报验资料。并在审核整理后交资料管理人员存放。

(9)在监理工作过程中,监理资料应按单位工程建立案卷盒(夹)分专业存放保管并编目,以便于跟踪检查。

监理资料的收发、借阅必须通过资料管理人员履行手续。

第二章　工程建设管理与勘察设计资料

第一节　概　　述

一、建设单位管理资料一般要求

(1)建设项目资料应以管理制度标准化、人员配备标准化、现场管理标准化、过程控制标准化为基础,全面反映质量、安全、工期、投资效益、环境保护和科技创新等目标控制体系要素。

(2)建设项目资料的形成、收集和整理工作应与工程进度同步进行,并做到系统、完整、真实、准确,保证其具有有效的查考利用价值和完备的质量责任追溯功能。

(3)建设、勘察设计、施工、监理等单位应制定建设项目资料管理工作标准和岗位责任制,并定期进行检查、控制和考核。

(4)建设项目资料应积极采用信息化手段进行管理,不断提高资料管理工作的质量和水平。电子文件的管理应符合相关标准的规定。

(5)建设项目资料应字迹清楚,图表整洁,图样规范,签认手续完备。

(6)建设项目资料应按规范性格式进行填写。当现行标准和有关管理办法中尚无规范性格式时,应由建设单位根据工程特点和资料内容进行统一。

二、建设单位内部管理资料

(1)建设单位内部管理资料内容与要求见表2—1。

表2—1　建设单位内部管理资料(A1)

资料代号	资料名称	内容与要求
A1—1	管理机构资料	管理机构资料(建设单位)是指由铁道部、铁路局或其他业主为组织实施某一具体铁路建设项目专门成立的建设项目管理机构。管理机构资料包括机构设置、人员配置及工作职责。管理机构资料内容随着建设阶段的不同而不同
A1—2	管理制度资料	管理制度资料是指建设单位为实现质量、安全、工期、投资效益、环境保护和科技创新等“六位一体”控制目标而制定的各项管理制度

(2)标准建设单位的“五有”、“六到位”、“五定”、“四体系”。

“五有”:管理制度五个有,即工作有目标、实施有规范、操作有程序、过程有控制、结果有考核。

“六到位”:人员配备六到位,即安全、质量、工期、投资效益、环境保护、技术创新六个方面做到事事有人管,件件有人抓。

“五定”:现场管理五确定,即定人、定时、定岗、定责、定点。

“四体系”:过程控制四体系,即目标体系、责任体系、分级控制体系、评价评估体系完备。

(3)建设单位管理的基本要求:“三图二表二职责,49 项制度 52 本台账”。

“三图二表二职责”为工程平面示意图、工程总体形象进度图、控制工程形象进度图、年度计划安排表、晴雨表、部门职责和岗位职责。工程平面示意图张挂于会议室、指挥、副指挥、总工程师和调度室;工程总体形象进度图、控制工程形象进度图、年度计划安排表和晴雨表张挂于调度室。部门职责和岗位职责上墙。

“49 项制度”汇编成册,分别是:

综合管理类(8 项):工作职责,重大问题决策,公文处理、档案管理、党风廉政建设工作、保密工作,宣传及涉外工作、人事培训。

工程管理类(18 项):前期工作,征地拆迁、环境保护、水土保持,文物保护、绿色防护、工程咨询、初步设计初审、施工组织设计、施工图审核、开工报告、技术管理、变更设计、工程测量,工程调度、工程信息、调度信息、突发事件应急处理。

安全质量管理类(13 项):安全生产管理、工程质量管理、地质勘察监理、监理管理、旁站监理、施工现场管理、隧道工程安全、营业线施工、创优规划、样板示范工程、质量分级管理,质量检测试验、第三方检测。

计划财务管理类(8 项):招标投标、合同管理、计划统计、投资控制、验工计价、工程价款结算、财务管理、资金管理。

物资设备管埋类(2 项):物资采购、外资采购。

“52 本台账”分类装盒,分别是:

综合管理类(10 本):征地、拆迁、调度报表、收文发文、档案借阅、会议记录、管理制度、人事管理、党员管理、廉政建设。

工程管理类(11 本):开工报告、设计文件、施工图纸、设计图纸审核、施工组织设计、施工技术交底,贯通测量、桩基检测、隧道检测、工程验收、会议纪要。

安全质量管理类(18 本):安全质量保证体系、创优规划、精品工程、上级检查、安全质量监督、三项治理、安全专项整治、日常检查、半年质量检评、营业线施工、事件调查、施工单位信誉评价、设计单位信誉评价、监理单位信誉评价、施工单位考核、设计单位考核、监理单位考核、年度评比。

计划财务管理类(11 本):概预算、招投标、合同、计划统计、变更设计、验工计价、建设成本、固定资产、财务拨款、财务报表、审计。

物资设备管理类(2 本):甲供物资设备、甲控物资设备。

第二节　建设单位管理资料

本书主要是讲述施工现场技术资料,这部分资料主要从第三章开始详细说明。建设单位管理资料是施工前期的资料,是施工不可或缺的内容。本节简略介绍其流程和内容要求。

一、立项决策资料

1. 立项决策资料管理流程

立项决策资料管理流程见表 2—2。

表 2－2 立项决策资料管理流程

阶段	主管部门	项目管理机构	设计单位
预可行性研阶段	依据铁路中长期规划，对拟建项目进行预可行性研究，组织编制项目建议书，项目建议书按国家规定报批		进行预可行性研究，编制项目建议书
可行性研究阶段	项目建议书批准后，按规定成立项目管理机构	明确前期工作管理部门，制定管理办法，落实预可研批复内容	
		委托编制《地质灾害危险性评估报告》、《压覆矿藏评估报告》、《土地规划方案》及《土地利用实施影响评估报告》	编制提交评估报告，提供用地预审相关资料和图件
	国土部门按规定批复土地预审	向国土部门提交资料，申请建设用地预审	
		督促设计单位编制《环境影响报告书》、《水土保持方案报告书》、《节能报告书》	编制提交报告书
	环保、水保主管部门批复	按规定程序报送报告书	
		委托、督促设计单位编制《防洪影响评估报告书》、《通航论证报告书》、《地震安全性评估报告书》、《文物保护影响评估报告书》、《森林保护评估报告书》等	编制提交报告书
	相关主管部门审查明确结论性意见	按规定程序报送报告书	
		签订三电迁改、改路、改渠、管线迁改框架性协议	现场调查，配合签框架协议
		协调、监督、检查勘察工作，配合可行性研究，做好稳定方案工作	落实预可研批复内容，进行勘察设计，编制可行性研究设计文件
	可行性研究审查	组织或参与可行性研究审查	
	批复可行性研究		
初步设计阶段		落实可研与环保、水保及用地预审批复内容，组织初步设计	落实可研与环保、水保及用地预审批复内容，开展定测与初步设计
	国土及规划部门受理，批复	办理建议用地规划许可证明，完成用地申请报告	提供用地红线图等相关资料，配合办理
		组织建材调查，签订意向协议	建材调查，配合意向协议签订工作

续上表

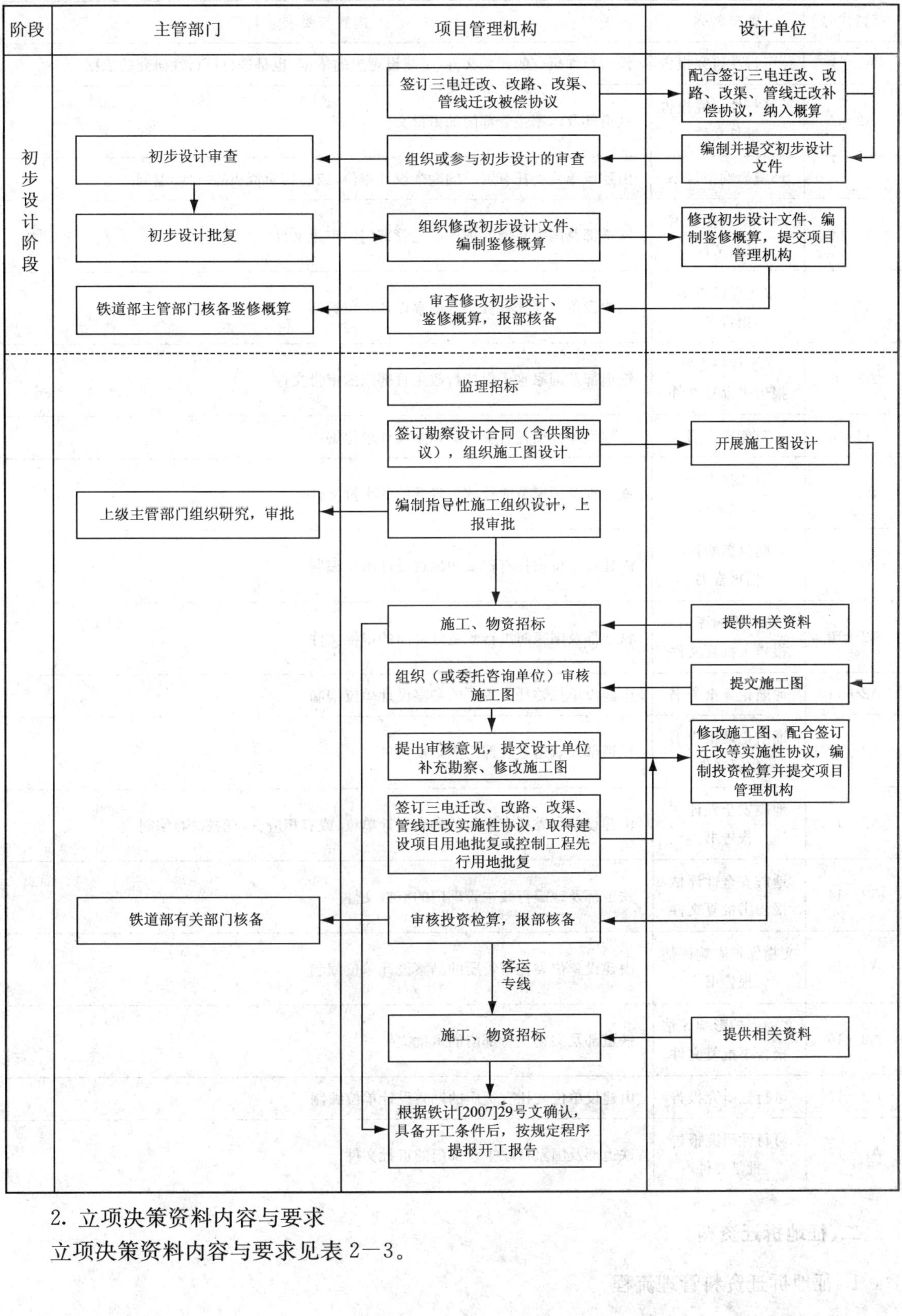

2. 立项决策资料内容与要求

立项决策资料内容与要求见表2—3。

表 2—3　立项决策资料(A2)

资料代号	资料名称	内容与要求
A2—1	预可行性研究报告	预可行性研究的成果文件，是建设理想的依据，也是进行可行性研究的依据
A2—2	预可行性研究报告批复文件	铁道部及国家主管部门的审批文件
A2—3	环境影响报告书	由建设单位委托有资质的勘察设计单位(或有相应资质的机构)编制
A2—4	环境影响报告书批复文件	铁道部及国家环境保护行政主管部门的审批文件
A2—5	水土保持方案报告书	由建设单位委托有资质的勘察设计单位编制
A2—6	水土保持方案报告书批复文件	铁道部及国家水土保持行政主管部门的审批文件
A2—7	节能报告书	由建设单位委托有资质的勘察设计单位编制
A2—8	节能报告书批复文件	铁道部及国家节能行政主管部门的审批文件
A2—9	防洪影响评估报告书	由建设单位委托有资质的勘察设计单位编制
A2—10	防洪影响评估报告书批复文件	铁道部及国家防洪行政主管部门的审批文件
A2—11	通航论证报告书	由建设单位委托有资质的勘察设计单位编制
A2—12	通航论证报告书批复文件	铁道部及航道主管部门的审批文件
A2—13	地震安全性评估报告书	由建设单位委托有资质的勘察设计单位(或有相应资质的机构)编制
A2—14	地震安全性评估报告书批复文件	铁道部及地震行政主管部门的审批文件
A2—15	文物保护影响评估报告书	由建设单位委托有资质的勘察设计单位编制
A2—16	文物保护影响评估报告书批复文件	铁道部及文物主管部门的审批文件
A2—17	可行性研究报告	由建设单位委托有资质的勘察设计单位编制
A2—18	可行性研究报告批复文件	铁道部及国家行政主管部门的审批文件

二、征地拆迁资料

1. 征地拆迁资料管理流程

征地拆迁资料管理流程见表 2—4。

表 2—4　征地拆迁资料管理流程

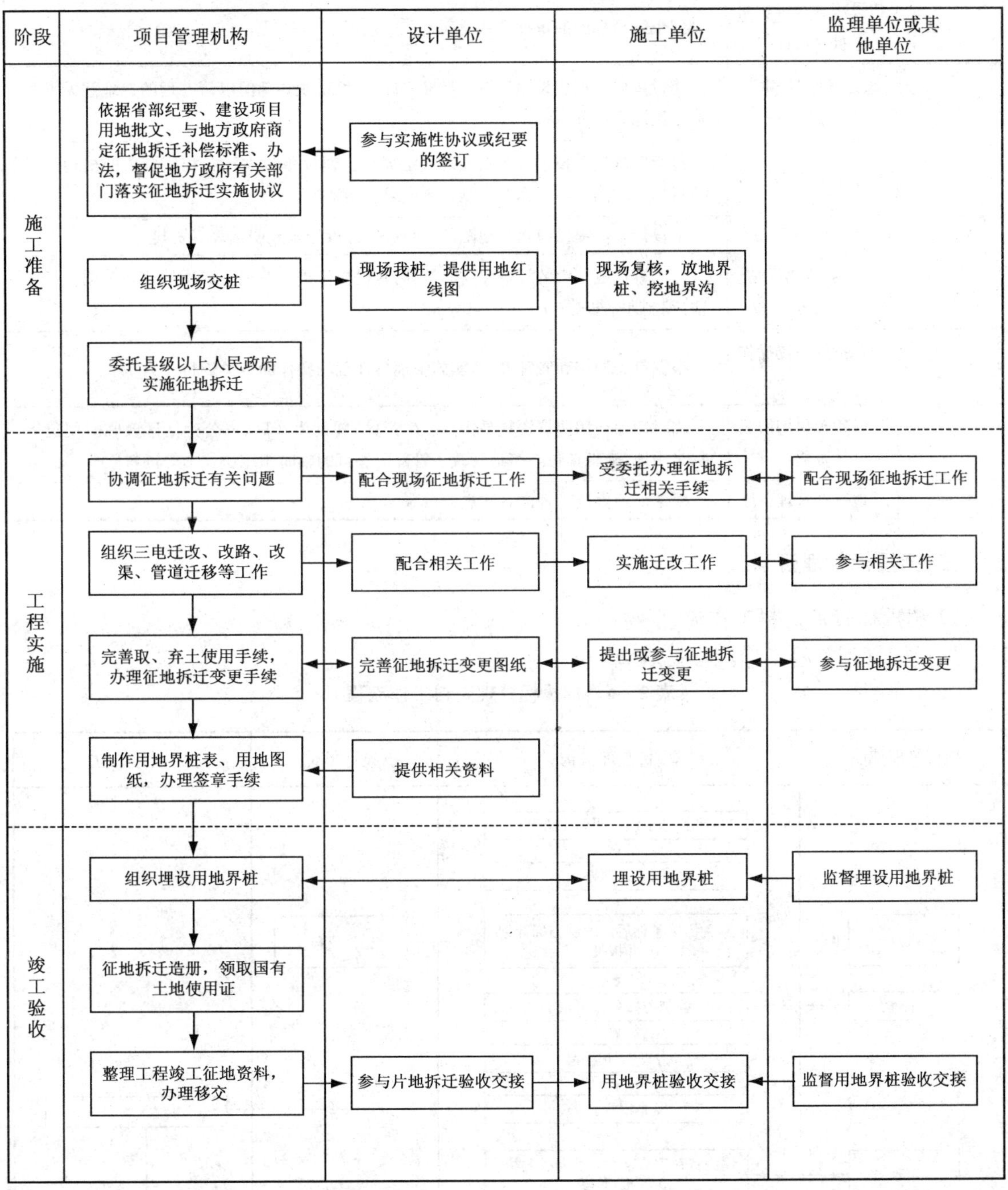

2. 征地拆迁资料内容与要求

征地拆迁资料内容与要求见表 2—5。

表 2—5　征地拆迁资料(A3)

资料代号	资料名称	内容与要求
A3—1	建设用地预审资料	建设单位在办理土地预审时，需按照国土管理部门要求提供建设用地预审资料，包括地质灾害危险性评估报告、压覆重要矿床评估报告、使用林地可行性报告等

续上表

资料代号	资料名称	内容与要求
A3－2	建设用地预审资料批复文件	国土管理部门的审批文件
A3－3	选址意见书、建设用地许可证	建设单位根据建设项目有关批准文件，向城市规划部门申请办理的选址意见书和建设用地许可证
A3－4	勘测定界成果资料	包括勘测定界技术报告书和勘测定界图。建设单位委托有相应资质的机构进行项目用地勘测定界工作并编制定界成果资料
A3－5	施工用地图纸、资料	由设计单位提供包括征地图、征地数量表、拆迁调差明细表等资料
A3－6	建(构)筑物评估报告	对于拆迁范围内的特殊建(构)筑物，建设单位委托有相应资质的评估单位进行评估，编制评估报告
A3－7	征地拆迁现场操作资料	根据有关规定和管理办法，实施征地拆迁现场操作的各类资料
A3－8	临时用地租用协议资料	临时用地租用协议资料是指对于生产区、辅助生产区、办公生活区及临时便道等临时用地，施工单位与当地行政主管部门签订的临时租用协议书等资料
A3－9	征地拆迁管理台账	根据征地拆迁管理内容建立的台账

三、招投标管理资料

1. 招投标管理资料工作流程

招投标管理资料工作流程见表 2－6。

表 2－6　招投标管理资料工作流程

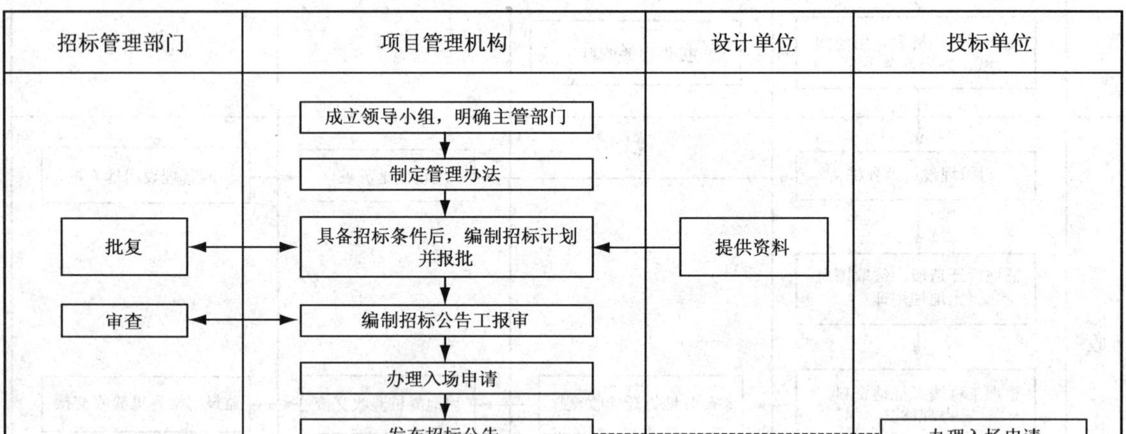

续上表

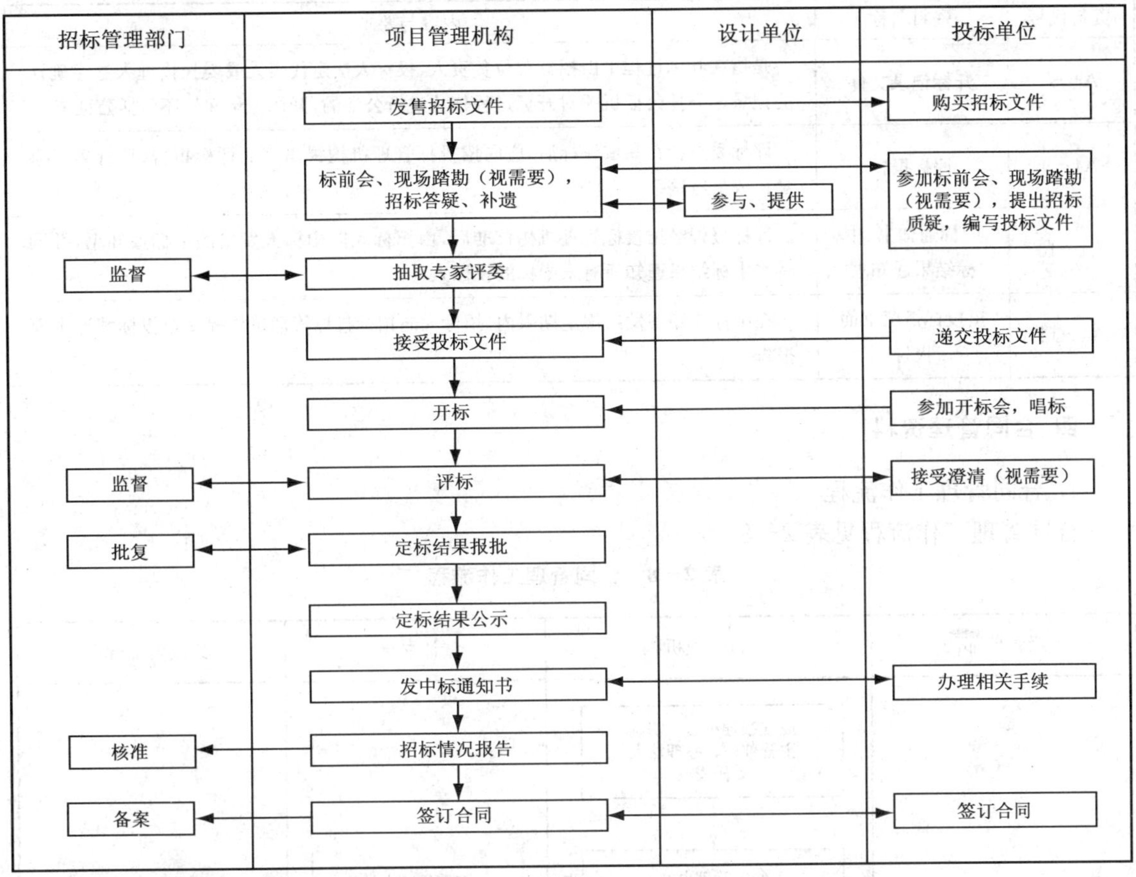

2. 招投标管理资料内容与要求

招投标管理资料内容与要求见表2—7。

表2—7　招投标管理资料(A4)

资料代号	资料名称	内容与要求
A4—1	招标计划	招标人根据审定的勘查设计、设计咨询、监理(含地质勘查监理)、施工、物资设备采购、第三方检测等招标文件编制的原则和编制大纲编制招标计划
A4—2	招标计划批复文件	投标管理机构的批复文件
A4—3	招标公告	是指依法进行招标必须在指定媒介发布的招标公告,其具体内容按照铁道部有关管理规定执行
A4—4	资格预审文件、招标文件	资格预审文件和招标文件应按相应文件范本编制。招标答疑、补遗文件是招标文件的组成部分
A4—5	资格后审批文件	资格审查分为资格预审和资格后审,需进行资格后审的,报招投标管理机构批准,形成批准文件
A4—6	资格预审评审资格	资格预审评审资料包括评审记录资料、向资格预审合格的潜在投标人发出的资格预审合格通知书,向资格预审不合格的潜在投标人发出的告知资格预审结果资料
A4—7	投标文件	投标文件是指投标人按照招标文件的要求编制,对招标文件提出的实质性要求和条件做出响应,并在提交投标文件截止时间前送达规定地点的文件,包括对提交的文件做补充、修改内容的书面材料

续上表

资料代号	资料名称	内容与要求
A4－8	开标记录文件	是指在开标过程中由招标单位负责人、投标人法定代表人或委托代理人签字确认的记录。委托公证机关对开标过程依法进行公证的，开标记录文件还包括公证书
A4－9	评标报告	评标委员会在完成评标后，应向招投标管理机构提出书面评标报告，评标委员会全体成员应签字
A4－10	中标通知书、中标结果通知书	评标报告经招投标管理机构核准后，由招标人向中标人发出的中标通知书，并同时将中标结果通知所有未中标的投标人
A4－11	招投标情况书面报告	在中标通知书发出规定期限内，招标人向招标投标管理机构提交招投标情况书面报告

四、合同管理资料

1. 合同管理工作流程

合同管理工作流程见表 2－8。

表 2－8　合同管理工作流程

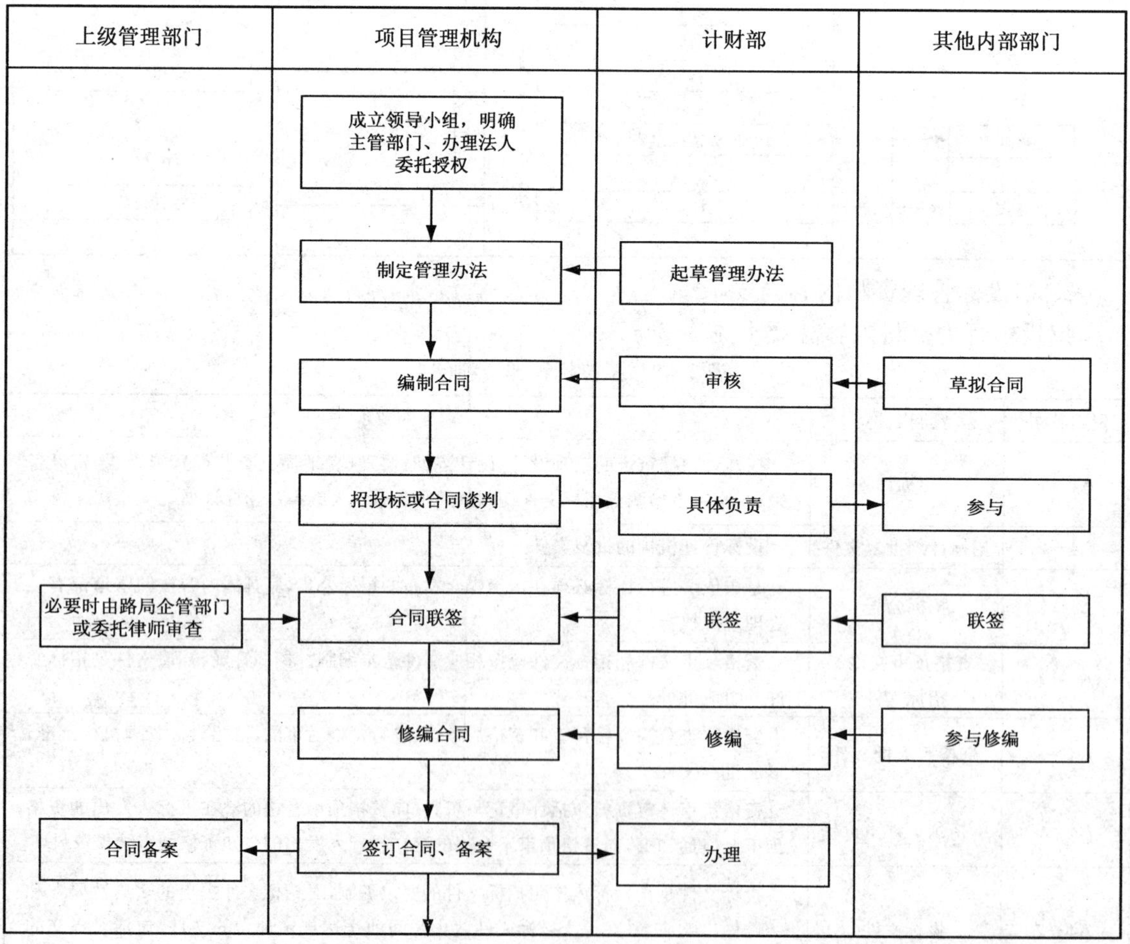

续上表

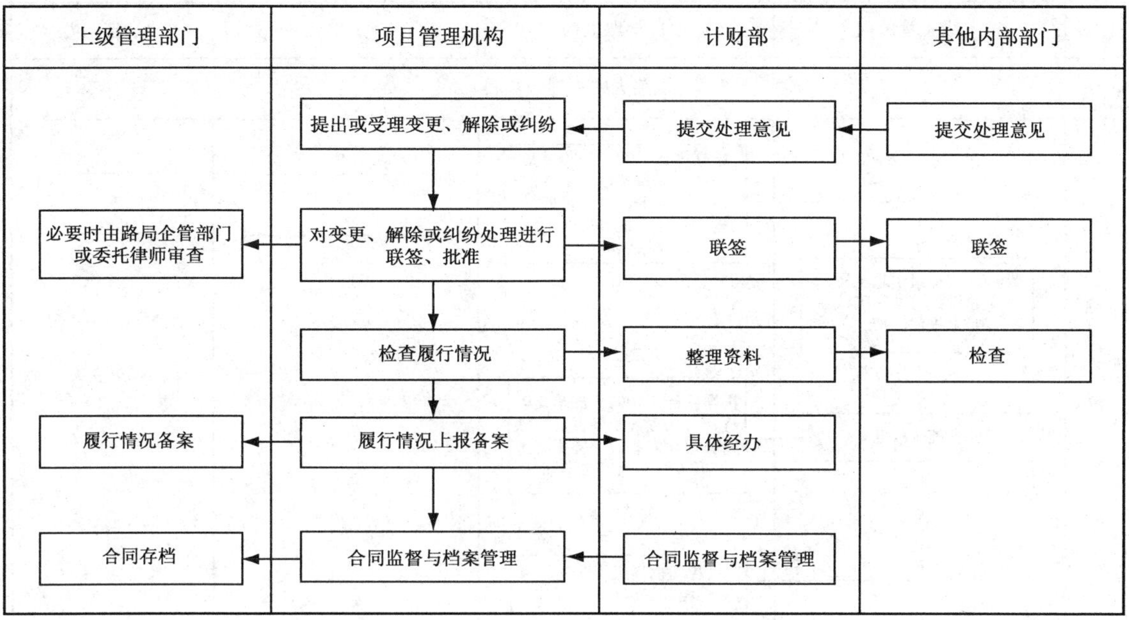

2. 合同管理资料内容与要求

合同管理资料内容与要求见表 2—9。

表 2—9　合同管理资料(A5)

资料代号	资料名称	内容与要求
A5—1	合同审查资料	包括建设管理内部审查、咨询审查及律师审查资料
A5—2	合同联签文件	建设管理内部业务部门、计划部门、业务领导、主管领导及法人代表或委托代理人等签字文件
A5—3	合同变更、解除及纠纷处理文件	合同变更、解除及纠纷处理的各类文件资料
A5—4	合同文本	包括各种协议、合同、补充协议及补充合同书面文本
A5—5	合同管理台账	对合同管理台账应根据管理需求进行分类和栏目设置,方便统计和查询

五、开工报告

1. 开工报告工作流程

开工报告工作流程见表 2—10。

表2－10 开工报告工作流程

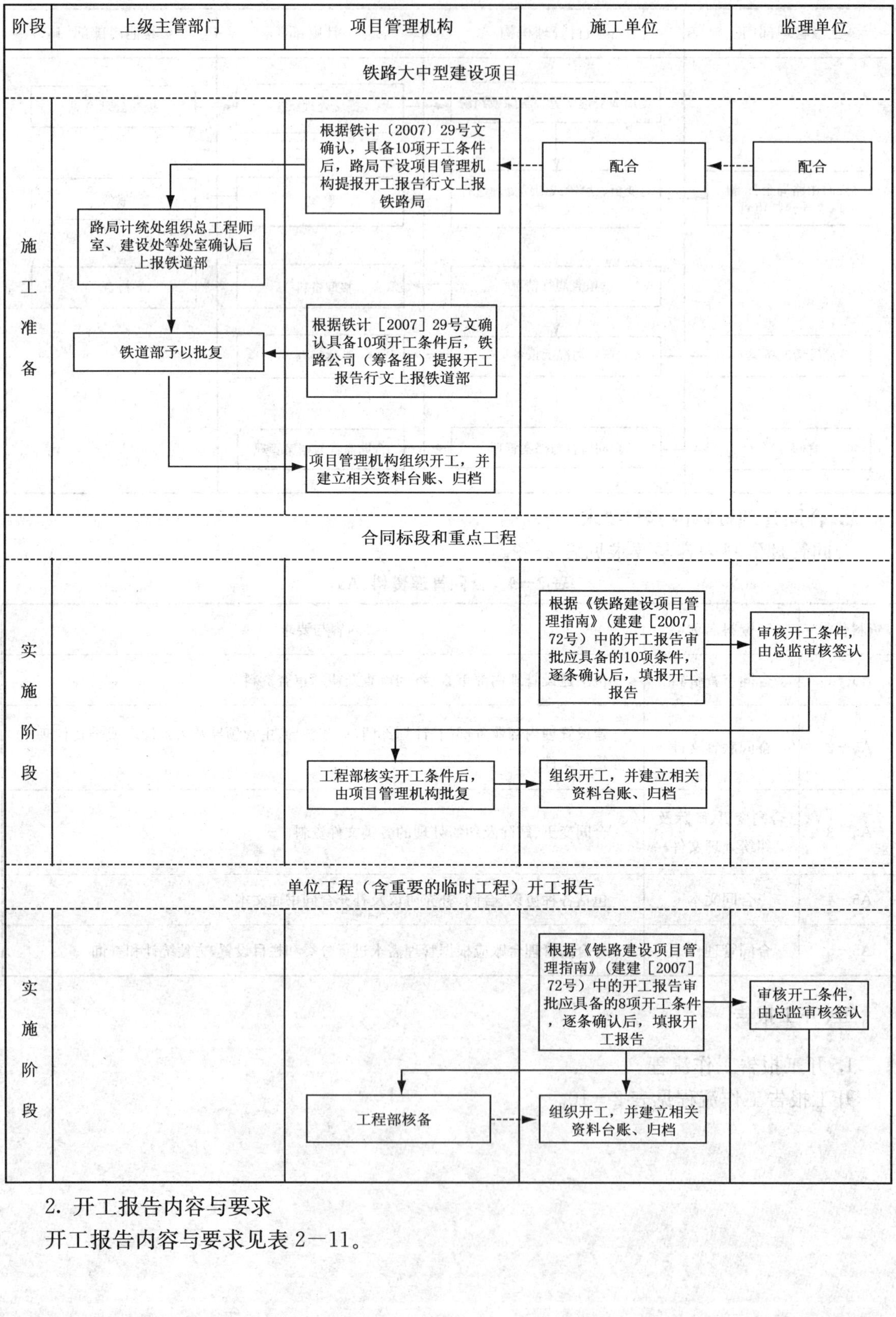

2. 开工报告内容与要求

开工报告内容与要求见表2－11。

表 2—11　开工报告(A6)

资料代号	资料名称	内容与要求
A6—1	建设项目开工报告	铁路基本建设大中型项目上报开工需要以下资料：工程开工报告；可行性研究报告批复文件；建设管理机构资料及管理规章制度；初步设计及总概算文件，普通铁路项目检修概算或客运专线项目施工图投资检算核备文件；项目资本金和其他建设资金计划已落实证明材料；指导施工组织设计大纲；主体工程(或控制性工程)施工单位、监理单位中标通知书；建设项目管理单位与设计单位签订的设计图纸交付协议；环境影响评估报告审批文件；节能评估报告审批文件；建设项目
A6—2	建设项目开工报告批复文件	上级主管部门对开工条件进行审查后的批复文件
A6—3	合同标段和重点工程开工报告	合同标段和重点工程具备开工条件后，由施工单位填写《工程开工/复工申请表》(表 A6—3)向监理单位申请开工，监理单位对申请开工条件进行检查并签认后，上报建设单位核查
A6—4	合同标段和重点工程开工报告批复文件	建设单位的批复文件
A6—5	单位工程开工报告	单位工程具备开工条件后，由施工单位填写《工程开工/复工申请表》(表 A6—3)向监理单位申请开工
A6—6	单位工程开工报告批复文件	监理单位完成审查的批复文件，报建设单位备案

表 A6—3　工程开工/复工申请表

工程项目名称：　　　　　　　　施工合同段：　　　　　　　　编号：

工程名称(单位、分部)		里程/部位	
申请开工/复工日期		计划工期	

致＿＿＿＿＿＿＿＿(项目监理机构)：

我方承担的＿＿＿＿＿＿＿＿工程，已完成各项准备工作，具备了开工/复工条件，特此申请施工，请核查并签发开工/复工指令。

附：1. 开工/复工报告；

2. 证明文件

施工单位(章)：

项目负责人：

日　期：　　年　月　日

项目监理机构意见：

项目监理机构(章)：

总监理工程师：

日　期：　　年　月　日

建设单位意见(需要时)：

建设单位(章)：

负责人：

日　期：　　年　月　日

六、技术管理资料

1. 技术管理工作流程

技术管理工作流程见表 2—12。

表 2—12 技术管理工作流程

阶段	项目管理机构	设计单位	施工单位	监理及相关单位
施工图准备	签订施工图设计合同（含供图计划）	补充定测，施工图设计，编制施工组织设计		
	组织设计单位与相关产权单位签订三电改移、改路、改渠、管线迁移等实施性协议或纪要	参与实施性协议或纪要的签订		
	施工图审核及施工技术调查	按审核意见修改施工图		审核施工图
	施工图投资检算报铁道部核备	编制工程量清单和投资检算		
	编制指导性施工组织设计文件，施工、监理招标			
	组织技术交底、设计交桩，施工复测，复核设计图纸	负责技术交底、设计交桩，校正测量资料，修正设计图纸	接受技术交底、设计交桩，负责施工复测，汇报测量结果	参与技术交底、设计交桩，监督施工复测
	审查标段及重点、控制工程实施性施组，审批作业指导书（必要时）		编制实施性施工组织设计、作业指导书，经监理单位审核后报项目管理机构审查批准	审核实施性施工组织设计
	组织桩基试验、高性能混凝土配合比等试验研究	参与试验、研究，调整设计参数	试验，汇报试验结果	监督试验
	报批开工报告	现场配合施工机构和人员到位，管理制度完善	现场管理机构和人员到位，施工准备工作完成	现场管理机构和人员到位，监理准备工作完成
工程实施	组织施工图现场核对	参与施工图现场核对	施工图现场核对	参与施工图现场核对
	督促地质核查等现场施工配合	地质核查等现场施工配合		
	组织变更设计审核（审批）	提出或参与变更设计，提供变更设计图纸	提出或参与设计变更，按变更审核后的施工图组织实施	提出或参与设计变更，按变更后的施工图监督施工
	组织工程试验、检验和工程测量	参与工程试验和检验	实施工程试验、检验和工程测量	参与工程试验、检验和工程测量
	管理技术资料	管理技术资料	管理技术资料	管理技术资料
	组织单位工程验收	参与重点检验批、分部、分项工程及单位工程的验收	申请检验批、分部、分项、单位工程的验收，落实整改措施，对不合格项申请复验	组织检验批、分部、分项工程验收，参与单位工程的验收
竣工验收	组织编写施工技术总结和竣工文件	配合	编写施工技术总结和竣工文件	检查审核
	组织或参与验收	参与验收	配合验收	参与验收

2. 技术管理资料内容与要求

技术管理资料内容与要求见表 2—13。

表 2—13　技术管理资料内容与要求(A7)

资料代号	资料名称	内容与要求
A7—1	指导性施工组织设计资料	包括指导性施工组织设计和批复文件,也包括各类施工组织设计的调整和批复。由建设单位编制,按规定上报主管部门审批
A7—2	施工技术调查资料	包括相关专业的有关资料,工程施工条件,标段设置和施工布局资料,为合理划分标段、工期,合理标价和定标作准备
A7—3	全线控制测量方案	由设计单位提出,符合本线设计标准,满足建设需要,并为施工、运营维护提供依据
A7—4	线路贯通测量资料	包括线路贯通测量记录,线路贯通成果资料
A7—5	系统集成与接口管理资料	包括系统集成与接口管理的工作制度、职责分工、实施方案、界面划分、工序交接、功能测试及保证措施等资料
A7—6	科技成果资料	包括任务书、合同、研究报告和评审鉴定结论等
A7—7	工程项目总结	包括质量、安全、工期、投资效益、环境保护和科技创新等目标控制体系的全部内容。建设单位应在国家验收完成后规定的期限内,完成从项目立项到竣工验收全过程的工程项目总结

七、物资设备管理资料

1. 物资管理工作流程

(1)甲供物资管理工作流程见表 2—14。

表 2—14　建管甲供物资设备管理工作流程

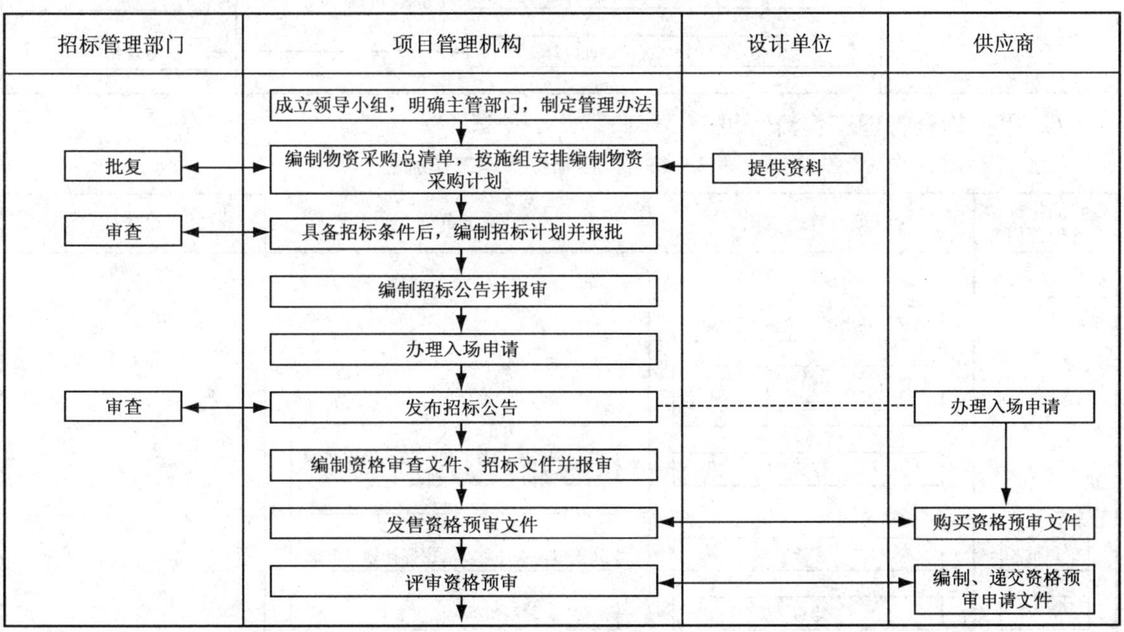

续上表

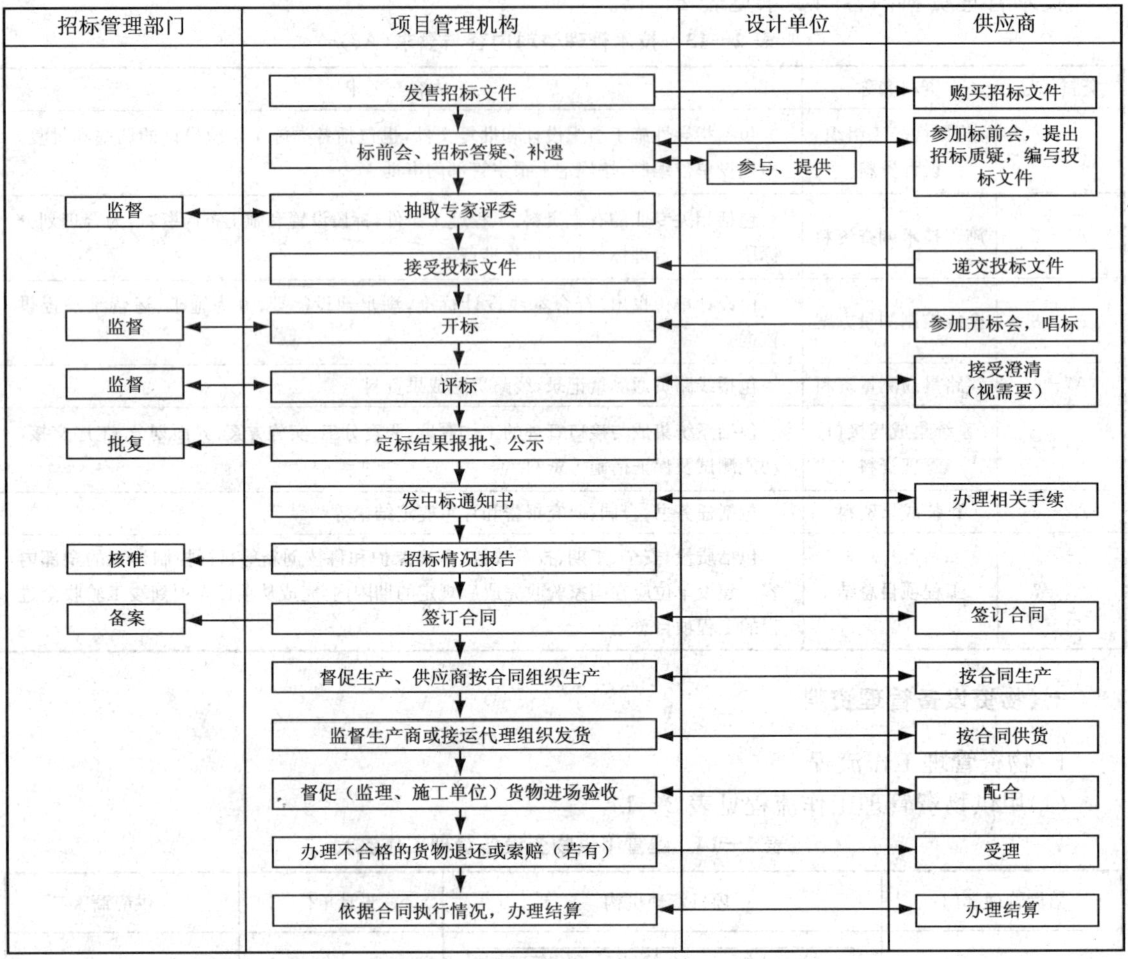

(2)甲控物资管理工作流程见表2—15。

表2—15 甲控物资管理工作流程

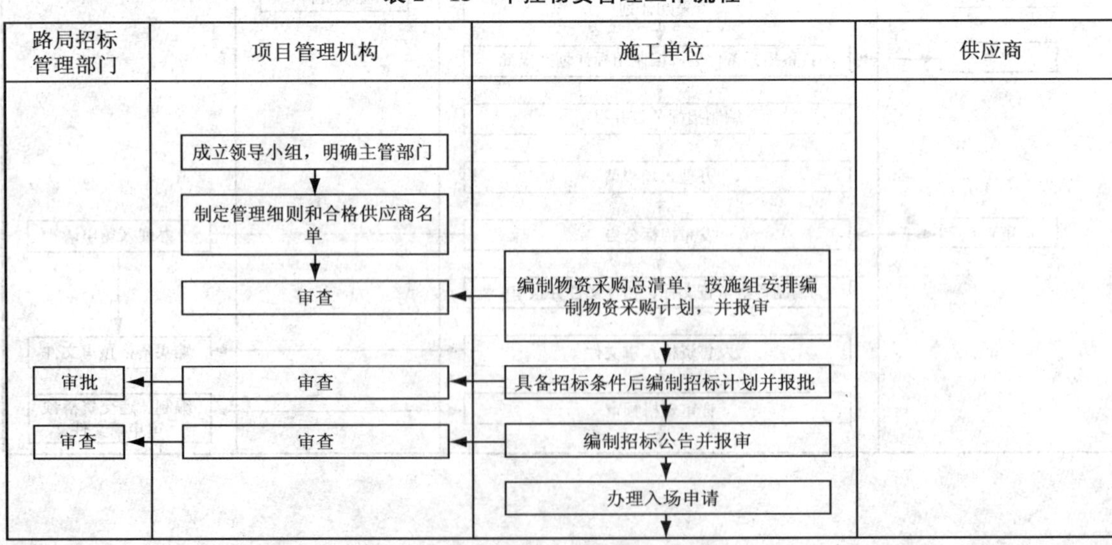

续上表

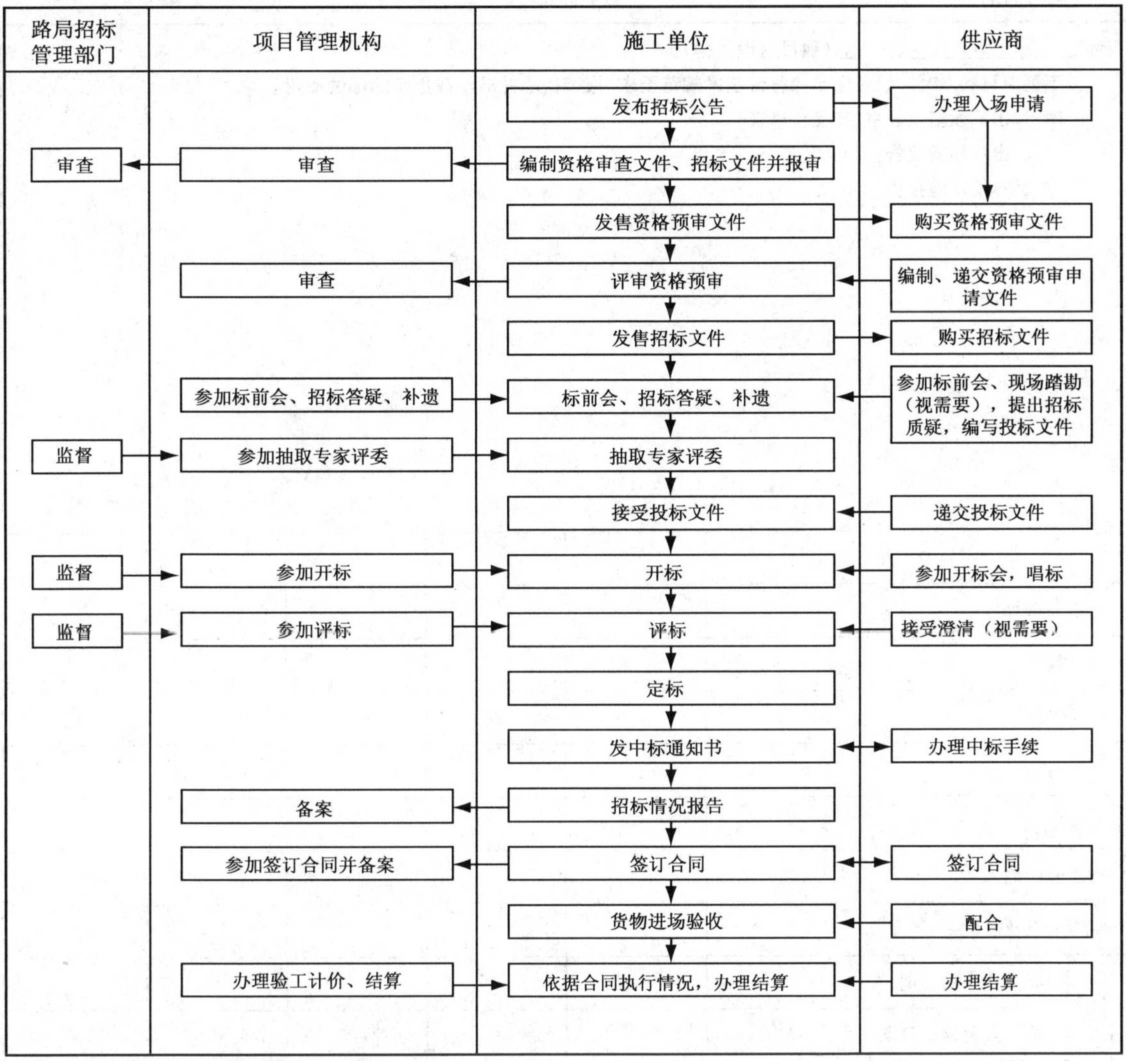

2. 物资设备管理资料内容与要求

物资设备管理资料内容与要求见表 2—16。

表 2—16　物资设备管理资料(A8)

资料代号	资料名称	内容与要求
A8—1	甲供(控)物资设备采购计划资料	包括建设单位供应和控制的物资设备清单及相应的采购计划等
A8—2	甲供(控)物资设备质量记录	对甲供(控)物资由施工单位和监理单位负责进场验收，并填写《经场材料/构配件/设备报验表》(表 A8—2)，对不合格的物资要进行处理，形成相应的记录文件

表 A8－2　进场材料/构配件/设备报验表

工程项目名称：　　　　　　施工合同段：　　　　　　编号：

致＿＿＿＿＿＿＿＿＿＿(项目监理机构)：

下列原材料/构件/设备经自检符合技术规范要求，报请检验并准予在指定的部位使用。

附：1. 出厂质量保证书(产品合格证)；

2. 出厂检验报告；

3. 自检试验报告

施工单位(章)：
项目负责人：
技术负责人：
日　期：　　年　月　日

名　称						
规格及型号						
本批数量						
供货单位						
到达时间						
合格证						
来源或产地						
使用工点及部位						
自检情况	取样地点及日期					
	检查人及检查日期					
	检查结果					
使用日期						
监理检验意见						

审查结论：

专业监理工程师：
日　期：　　年　月　日

八、质量安全管理资料

1. 质量管理、安全管理工作流程

(1)质量管理工作流程见表2—17。

表2—17　质量管理工作流程

阶段	工作内容	项目管理机构	施工单位	监理单位	设计单位	备注
工程实施	变更设计	审批Ⅱ类变更设计，审核Ⅰ类变更设计并上报审批	提供变更设计基础资料	审查变更设计	进行现场调查，编制变更设计文件	
	第三方检测	经上级主管部门批准后，可委托第三方对施工、监理单位的检验试验工作进行抽检和验证	做好现场检测准备工作，填写好基础表格，组织整改	做好对施工检测的见证检测，督促施工单位整改，做好监理的试验整改		第三方检测单位应及时反馈检测结果，出具检测报告，留存额外样品，以备产生争议时进行复验
	重大施工技术方案的实施	组织对重大施工技术方案的审查，履行程序审批或上报审批	编制重大技术方案，履行内部审批程序，按批准后的方案完善施工组织（包括作业指导书）并实施	参与审查，制定专项监理细则，监督重大施工技术方案的实施	参与审查，配合检查落实	项目管理机构依据应制定重大施工方案技术管理办法及工作程序
	内业资料	做好项目管理机构的内业资料，检查施工单位各类内业资料的及时性、正确性和完备性	做好材料检验、过程评定、隐蔽工程、竣工验收、文件管理等内业的归集整理工作	做好监理内部的内业资料，检查施工单位各类内业资料的及时性、正确性、完备性	做好设计的内业资料，配合检查施工单位各类内业资料的及时性、正确性、完备性	各方应及时签证有关内业资料
	质量会议以及质量的分析和评估	定期召开质量领导小组会议，分析、评估质量体系及工作状况，提出阶段性的质量工作计划、控制重点和措施	参加质量领导小组会议，组织本标段的质量会议，落实各项质量措施	参加质量领导小组会议，把质量管理纳入监理组织的会议内容，监控各项质量措施的落实	参加质量领导小组会议和有在会议，配合监督各项质量措施的落实	分析质量保证体系是否有效运转是质量工作的基础
	过程验收	组织单位工程验收，检查检验批、分部工程验收过程的及时性、正确性和资料完整性。	做好现场准备，填写好基础表格，组织整改，及时归档评定资料	总监组织对检验批、分部分项工程的验收评定，及时填写评定表	按验标要求，参加过程评定	参加评定的各方人员具备相应的资格
	质量信誉（信用）评价	组织对施工、设计单位质量信誉评价和对监理的信用评价	配合做好施工质量信誉评价工作	配合做好监理信用评价工作，参加对施工单位质量信誉评价	配合做好施工图考核工作，参加对施工单位、监理单位的质量信誉评价	
	质量的检查、评比、考核	对照质量检查、评比、考核办法，组织现场检查，公布评比考核结果	按照质量检查、评比、考核办法内容，组织现场实施	按照质量检查、评比、考核办法，组织监理实施，参加对施工单位检查、评比	按照质量检查、评比、考核办法，组织设计实施，参加对施工单位检查、评比	质量检查应有计划，并闭环管理
	质量事故报告、调查、处理	按相关规定要求上报，组织或配合事故调查，处理善后工作	按相关规定要求上报，并应严格保护事故现场，采取有效措施抢救人员和财产。配合事故调查，处理善后工作	按相关规定要求上报，配合故事调查，处理善后工作	按相关规定要求上报，组织或配合故事调查，处理善后工作	

续上表

阶段	工作内容	项目管理机构	施工单位	监理单位	设计单位	备注
竣工验收及保修	单位工程验收	组织验收	做好现场准备，填写好基础表格，组织整改，及时归档验收资料	参加验收，监督整改，及时归档验收资料	参加验收，及时归档验收资料	
	竣工验收	组织静态验收、动态验收，向部报送验收申请表，配合做好正式验收	完成自检，向项目管理机构申请子系统（专业）验收	参加验收	参加验收	
	工程移交	配合接管单位组织移交（包括竣工资料）	移交工程和竣工资料	移交（包括竣工资料）	移交（包括竣工资料）	
	工程保修	依据质量缺陷、保修项目、范围内容和责任划分，确定工程保修	进行保修，并按质量缺陷、责任的界定与划分，承担相应的经济赔偿	保修监理：按质量缺陷，责任的界定与划分，承担相应的经济赔偿	按质量缺陷，责任的界定与划分，承担相应的经济赔偿	

(2)安全管理工作流程见表2—18。

表2—18　安全管理工作流程

阶段	工作内容	项目管理机构	设计单位	施工单位	监理单位	备　注
建设前期	施工图审核	组织或参与设计审核，提出完善安全设计的意见	提供参够满足铁路建设工程要求的设计文件，并按审查意见修改			
施工准备	安全管理组织	成立安全管理工作领导小组，组长单位。（即有线施工运营部门为组长单位）	成员单位。成立现场施工配合机构	成员单位。组建施工现场项目管理机构，成立项目施工安全工作领导小组	成员单位。组建监理现场管理机构项目，成立项目监理安全工作领导小组	施工、监理单位在中标进场后成立组织机构
	安全控制和管理目标	安全工作领导小组研究决定本项目的安全控制和管理目标	根据总体目标，细化分解安全控制和管理目标	根据总体目标，细化分解安全控制和管理目标	根据总体目标，细化分解安全控制和管理目标	施工、监理单位在中标进场后确定安全控制和管理目标
	办法和制度	编制安全管理办法及安全文明标准工地规划，建立相应的安全管理制度	建立相应的安全管理设计制度	编制本标段安全管理办法及安全文明标准工地规划，建立相应的施工安全管理制度	编制安全管理控制办法及监理规划，建立相应的安全管理监理制度	施工、监理单位在中标进场后制定办法和制度
	签订合同	组织签订合同，明确建设单位安全责任、权力和义务	签订设计合同，明确建设单位安全责任、权力和义务	签订施工合同，明确施工单位安全责任、权力和义务	签订监理委托合同，明确建设单位授权，监理单位安全责任、权力和义务	设计合同在建设前期签订

续上表

阶段	工作内容	项目管理机构	设计单位	施工单位	监理单位	备　注
施工准备	安全保证体系	建立本项目的安全保证体系（包括建设、设计、施工、监理单位等），体系包括资源配置、管理制度、安全投入等	建立设计的安全保证体系，体系包括资源配置、管理制度等	建立施工的安全保证体系，体系包括资源配置、管理制度、安全投入等	建立监理的安全保证体系，体系包括资源配置、管理制度等	定期分析、完善、安全保证体系
	施工组织设计	编制指导性施工组织设计时，包含安全生产保证措施，对参建单位的安全生产（安全生产制度要求和安全生产管理人员配置要求，以及应急救援预案等）要求	参与审查实施性施工组织设计	编制实施性施工组织设计时，包含细化的安全生产保证措施、安全生产制度要求、安全生产管理人员配置以及应急救援预案等	审查实施性施工组织设计，填写审查意见，经总监签发报项目管理机构审批	
	施工图核对	组织施工图核对，落实安全措施（包括“四新”技术应用）	参加核查，提出意见或建议，根据核查意见修改	参加核查，提出意见或建议	参加核查，提出意见或建议	包括项目管理机构组织的咨询审查
	安全培训	根据本项目特点和安全控制重点，编制培训教材，组织培训	设计总体和相关设计人员进行培训	三类人员具有铁道部颁发的安全培训考试合格证，对作业人员进行三级培训	总监、安全监理工程师等进行培训	
	安全监督手续	办理安全监督手续	提供相关资料	提供相关资料	提供相关资料	
	安全交底	组织重大方案的安全交底，检查施工单位对作业层的安全交底	参加重大方案的安全交底	组织对作业层的安全交底，并留有交底记录	参加重大方案的安全交底，检查施工单位对作业层的安全交底情况	重大方案可由项目管理机构依据有关规定界定
工程实施	安全标准化工地的实施	组织对标检查	配合检查	对标组织实施	对标，检查、监督实施	
	安全技术措施的落实	组织对照标准、设计文件进行检查	配合检查，重点对照设计文件，及时补充原设计未考虑或考虑不周而客观存在的安全隐患设计	对照标准、设计文件组织实施，反馈的设计未考虑或考虑不周而客观存在的安全隐患，并采取防范措施		对照标准、设计文件等进行监督
	重大安全方案实施	组织对重大安全方案的审查，审批或上报审批	进行现场调查，编制重大安全方案	参与审查，根据重大安全方案，细化施工组织（包括作业指导书）并实施	参与审查，制定专项监理细则，监控重大安全方案的实施	重大安全方案的实施程序由项目管理机构依据有关规定公布
	营业线施工	审查并上报审批施工计划，根据施工等级现场把关	根据营业线施工情况，提出营业线施工过渡方案，以及在施工期间保证安全运营的措施和施工注意事项	提报施工计划，包括：施工方案设计、施工组织设计、施工安全协议书等基本内容。根据计划组织实施	制定监理细则，审查施工计划，监督施工单位按设计标准和有关规范、规定施工，及时防范施工中的安全隐患	

续上表

阶段	工作内容	项目管理机构	设计单位	施工单位	监理单位	备 注
工程实施	安全会议以及安全的分析和评估	定期召开安全领导小组会议，分析、评估安全保证体系运转状况，提出阶段性的安全工作计划、控制重点和保障措施	参加安全领导小组会议和有关会议，配合监督各项安全措施的落实	参加安全领导小组会议，组织本标段的安全会议，落实各项安全措施	参加安全领导小组会议，把安全纳入监理组织工地会议内容，监督各项安全措施的落实	分析安全保证体系是否有效运转是安全工作的基础
	安全的检查、评比、考核	对照安全检查、评比、考核办法，组织现场检查，公布评比考核结果	按照安全检查、评比、考核办法，组织设计实施，参加对施工单位检查、评比	按照安全检查、评比、考核办法内容，组织现场实施	按照安全检查、评比、考核办法，组织监理实施，参加对施工单位检查、评比	安全检查应有计划，并闭环管理
	安全事故报告、调查、处理	按相关规定要求上报，组织或配合事故调查，处理善后工作	按相关规定要求上报，组织或配合事故调查，处理善后工作	按相关规定要求上报，并应严格保护事故现场，采取有效措施抢救人员和财产。配合事故调查，处理善后工作	按相关规定要求上报，配合事故调查，处理善后工作	营业线施工按《铁路行车事故处理规定》，施工现场按照《生产安全事故报告和调查处理条例》规定进行调查处理

2. 质量安全管理资料内容与要求

质量安全管理资料内容与要求见表2—19。

表2—19 质量安全管理资料(A9)

资料代号	资料名称	内容与要求
A9—1	质量安全控制资料	包括工程质量和安全生产的管理目标、资源配置、对策措施、动态检查、应急预案及演练、工程风险评估等资料
A9—2	质量安全事故资料	包括按国家和铁道部有关规定，对工程质量事故上报报告(表A9—2)、安全事故的上报报告、调查报告、鉴定报告、责任处理报告、现场处理情况检查和验收记录等资料
A9—3	专项监测资料	是指建设单位委托检测机构，对工程用原材料、构配件、成品、半成品、设备及工程实体等进行质量抽检、验证以及系统联调联试资料，有监测方案及批复文件、检测记录和检测报告等

表 A9—2　工程质量事故报告单

工程项目名称：　　　　　　　　施工合同段：　　　　　　　　编号：

<table>
<tr><td>致____________（项目监理机构）：
______年____月____日____时，在____________发生工程质量事故，报告如下：

施工单位(章)：
项目负责人：
年　月　日　时</td></tr>
<tr><td>
收件人：
年　月　日　时</td></tr>
</table>

九、质量安全监督资料

质量安全监督资料内容与要求见表 2—20。

表 2—20　质量安全监督管理资料(A10)

资料代号	资料名称	内容与要求
A10—1	质量安全监督申报资料	建设单位在项目开工前，必须到监督部门办理铁路建设工程质量安全监督手续，资料包括铁路建设工程质量安全监督申报表、建设项目审批文件的复印件、指导性施工组织设计、项目质量安全保证体系及主要措施、勘查设计、施工、简历等合同副本，勘察设计、施工、监理等责任主体单位的资质证书复印件及施工企业安全生产许可证及复印件，已审核批准的设计文件目录以及其他相关资料等
A10—2	质量安全监督审批资料	包括铁路建设工程质量监督书及铁路建设工程质量安全监督补充资料通知单
A10—3	质量安全监督实施资料	包括铁路建设工程质量监督计划、铁路建设工程质量安全监督现场处罚通知单、铁路建设工程质量安全监督通知书、铁路建设工程质量安全监督复工通知书等
A10—4	质量安全监督报告	包括铁路建设工程质量安全监督报告及其补充报告等

十、水土保持、环境保护资料

1. 水土保持、环境保护工作流程

(1)水土保持工作流程见表 2—21。

表 2—21 水土保持工作流程

阶段	项目管理机构	设计单位	施工单位	监理或相关单位
可行性研究	落实水土保持管理人员，制定水土保持管理办法			
	委托编制水土保持方案书	初测，提供水土保持意见，编制水土保持方案报告书		
	向主管部门提出审查申请			
初设	预审初步设计水土保持措施，形成意见并上报	制定水土保持措施		
施工准备	审核施工图（水土保持措施），形成审核意见	编制施工图，落实水土保持措施		施工图审核单位提出水土保持审核意见
	签订水土保持责任书		签订水土保持责任书	
	审查实施性施组水土保持措施		实施性施组落实水土保持措施	
工程实施	协调水土保持有关问题	现场配合施工	严格按批准的施工组织设计进行施工，落实水土保持措施	监督施工单位落实水土保持措施
	控制或减少对土地资源的破坏，做到土地复垦与工程同步设计、同步施工	合理安排，控制或减少对土地资源的破坏，做到土地复垦与工程同步设计	做到土地复垦与工程同步施工	督促施工单位做到土地复垦与工程同步施工
	制定防洪预案，落实防洪措施，保持水系畅通	完善防洪设施，保持水系畅通	按图施工，制定防洪预案，落实防洪措施，保持水系畅通	督促施工单位按图施工，制定防洪预案，落实防洪措施，保持水系畅通
	合理组织安排临时设施，并按规定及时拆除、及时恢复		合理安排临时设施，并按规定及时拆除、及时恢复	监督临时设施的拆除与恢复
	及时组织绿化工程的实施，改善沿线生态环境		及时组织绿化工程的实施，改善沿线生态环境	监督绿化工程的实施
	办理水土保持方案变更	水土保持方案变更	提出或参与变更	参与水土保持方案变更
验收	在项目竣工验收中同时进行水土保持验收	参与水土保持验收	配合水土保持验收	参与水土保持验收

(2)环境保护工作流程见表 2—22。

表 2—22　环境保护工作流程

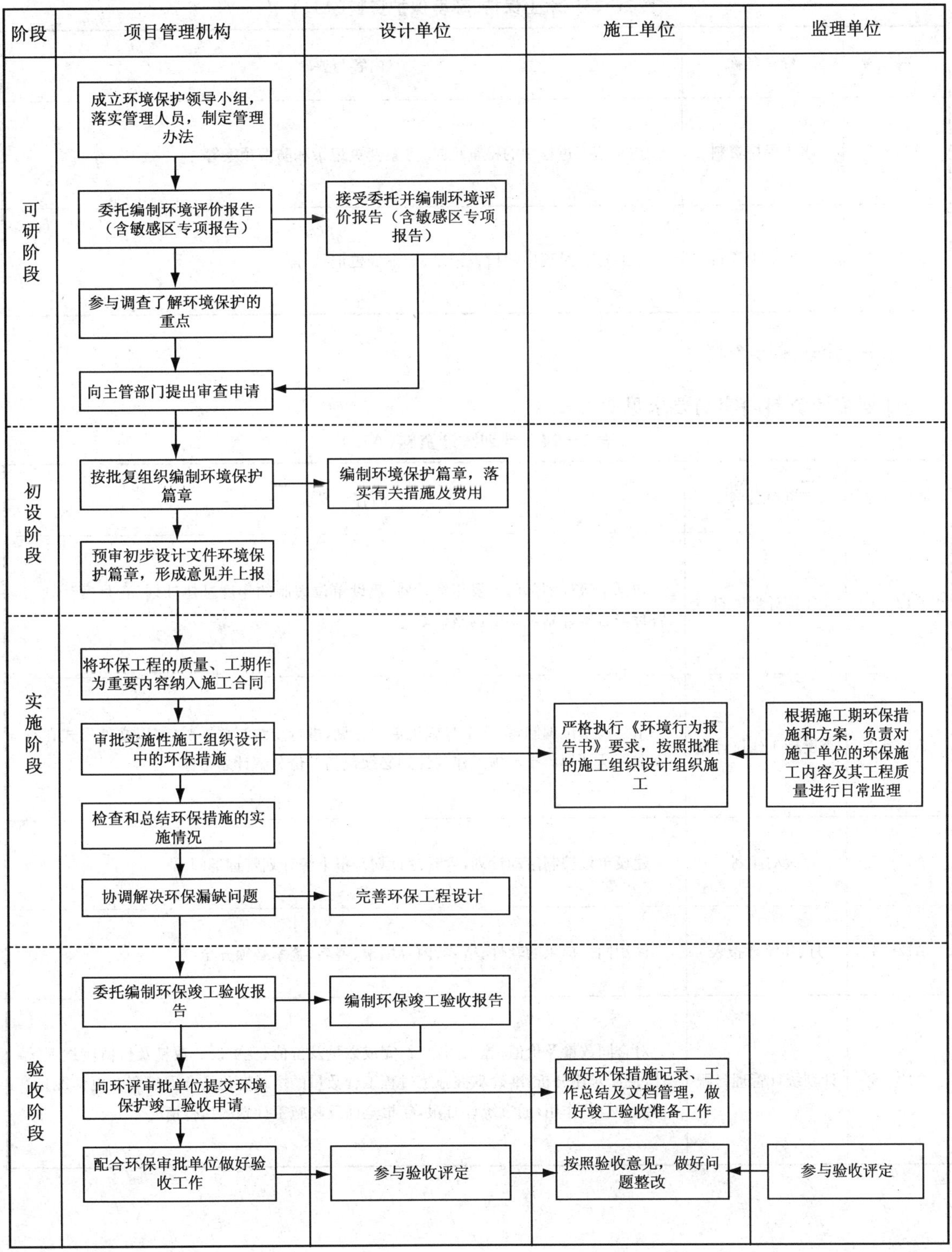

2. 水土保持、环境保护资料内容与要求

水土保持、环境保护资料内容与要求见表2—23。

表2—23 水土保持、环境保护资料(A11)

资料代号	资料名称	内容与要求
A11—1	水土保持资料	包括施工过程中的检查记录、方案变更记录和防洪预案等
A11—2	环境保护资料	包括施工过程中的检查记录、方案变更记录等

十一、计划统计资料

计划统计资料内容与要求见表2—24。

表2—24 计划统计资料(A12)

资料代号	资料名称	内容与要求
A12—1	年度计划资料	包括上级计划部门下发年度计划、建设单位编制的年度基建计划(含月度计划)、各标段分解计划及年度调整计划等
A12—2	季度施工建议计划	由建设单位编制,在征求各施工单位意见,进行全线汇总平衡后,以文件形式在季末前下达计划。季度施工建议计划必须包括月份分解计划指标
A12—3	滚动计划	建设单位编制滚动计划(含月度计划),报上级计划管理部门
A12—4	月、年统计报表	使用同一提供的软件、格式、内容填报、署名、签章必须齐全
A12—5	计划统计管理台账	对合同数量及价值、施工图数量、完成数量及价值、变更设计数量及价值应逐项统计,便于对比分析;准确掌握施工过程工程数量的增减变化及合同投资变更情况;发挥统计监督作用,通过统计月报,年报全面反映施工计划的执行情况

十二、投资控制资料

1. 投资资料工作流程

(1)投资控制工作流程见表 2—25。

表 2—25　投资控制工作流程

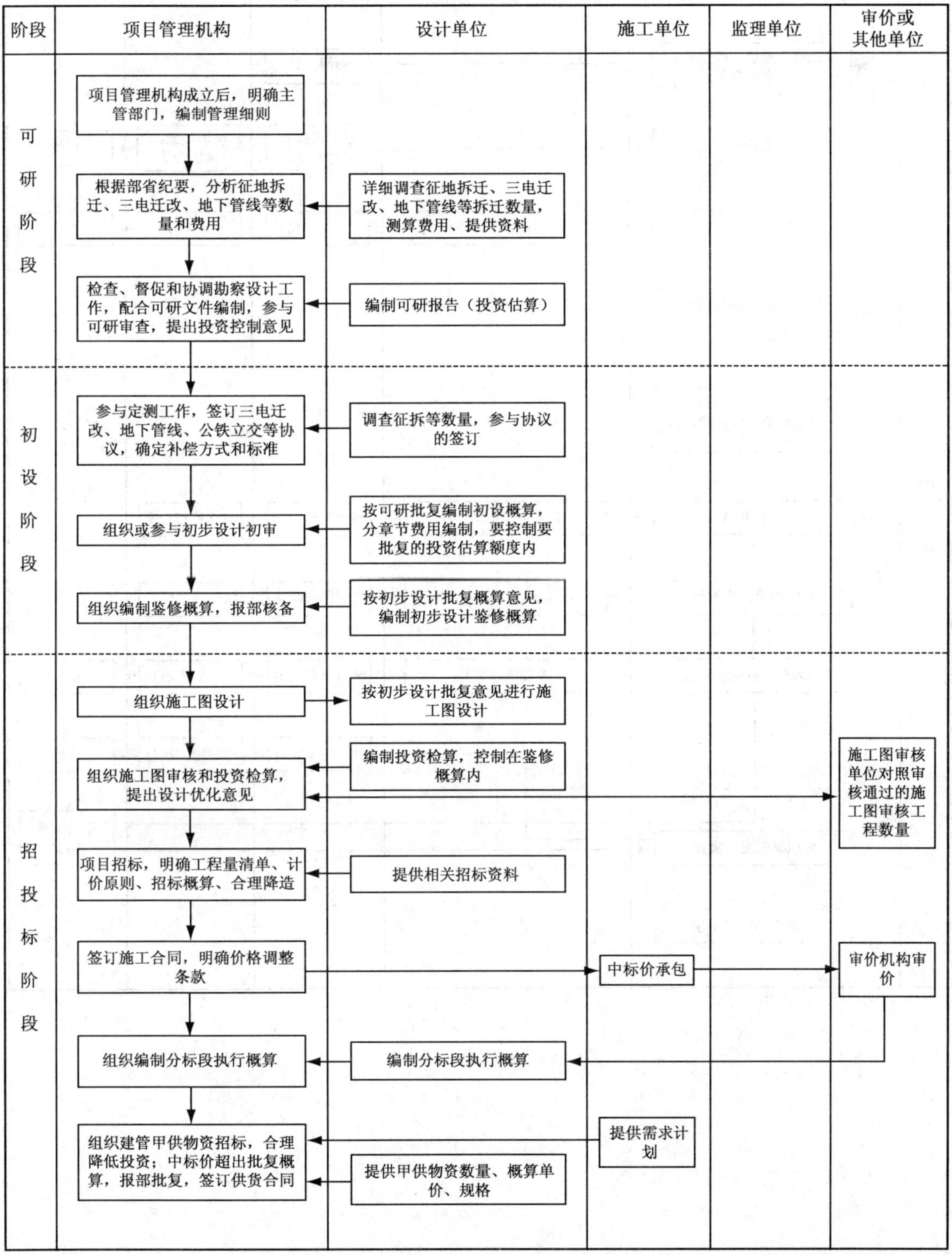

续上表

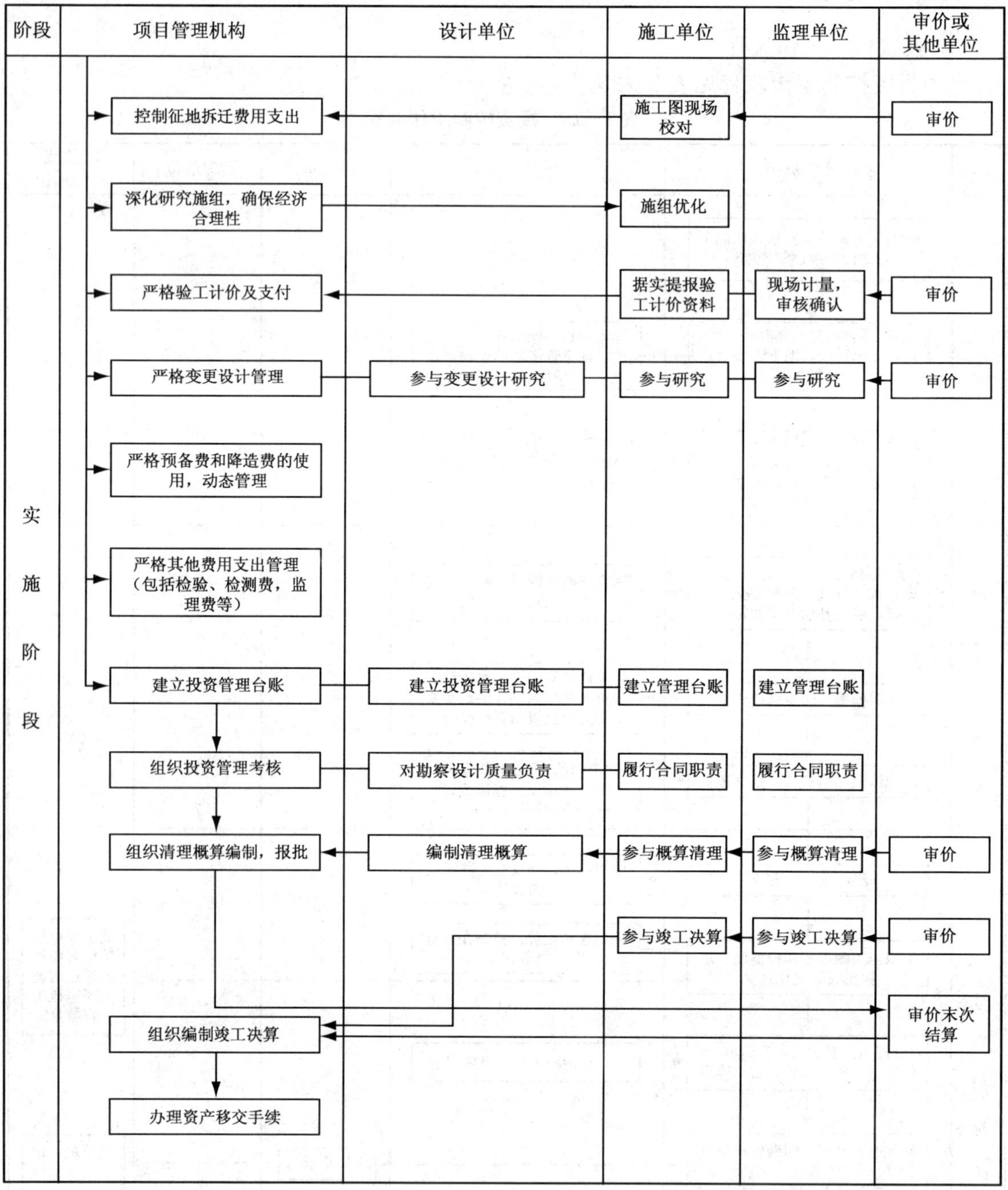
阶段
项目管理机构
设计单位
施工单位
监理单位
审价或其他单位
实施阶段
控制征地拆迁费用支出
施工图现场校对
审价
深化研究施组，确保经济合理性
施组优化
严格验工计价及支付
据实提报验工计价资料
现场计量，审核确认
审价
严格变更设计管理
参与变更设计研究
参与研究
参与研究
审价
严格预备费和降造费的使用，动态管理
严格其他费用支出管理（包括检验、检测费，监理费等）
建立投资管理台账
建立投资管理台账
建立管理台账
建立管理台账
组织投资管理考核
对勘察设计质量负责
履行合同职责
履行合同职责
组织清理概算编制，报批
编制清理概算
参与概算清理
参与概算清理
审价
参与竣工决算
参与竣工决算
审价
审价末次结算
组织编制竣工决算
办理资产移交手续

(2)验工计价工作流程见表 2—26。

表 2—26　验工计价工作流程

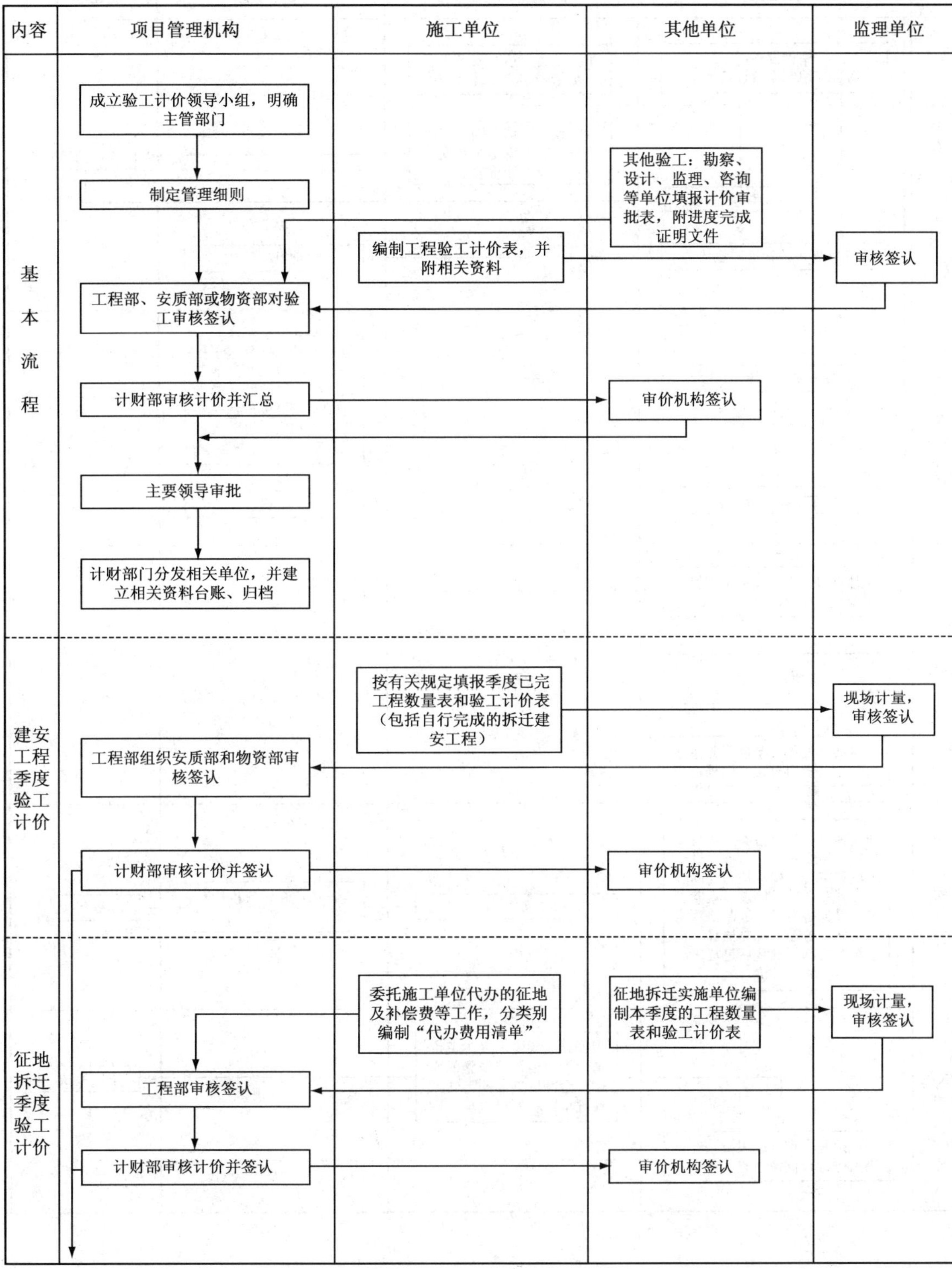

续上表

内容	项目管理机构	施工单位	其他单位	监理单位
设备季度验工计价	甲供设备：物资部编制设备计价清单 物资部审核签认 计财部审核计价并签认	甲控设备：填写安装设备数量表和验工计价表 自购设备：填写固定资产验收单、保管记录和安装设备计价表	审价机构签认	审核签认
概算其他计价	相关部门审核签认 计财部审核计价并签认		勘察设计、监理、工程咨询等单位填写其他费用计价审批单和完成工作数量或进度的证明文件，与相应季度的工程验工计价同时办理 审价机构签认	
审批	计财部对以上各类费用审核完成后，汇总 主要领导审批 计财部分发相关单位，并建立相关资料台账、归档		审价机构签认	
末次计价	建设项目初验合格颁发接收证书后，组织施工、监理、设计单位和审价机构，按照合同约定，补充合同或协议、索赔、变更设计等费用，编制概算清理文件，若超出批复概算，报上级有关部门批复后进行末次验工计价	参与	设计单位和审价机构参与	参与
总价承包合同的计价调整	按规定程序审批或报批，经批准后进行合同调整验工计价	根据合同约定，发生调价情况14日内，将调整的原因、金额以书面的形式报监理单位和项目管理机构		审核签认

2. 投资控制资料内容与要求

投资控制资料内容与要求见表2—27。

表2—27　投资控制资料(A13)

资料代号	资料名称	内容与要求
A13—1	投资估算文件	在项目可行性研究阶段由设计单位完成投资估算,其为预可行性研究、可行性研究报告的一部分。批准的投资估算规模是建设项目投资的法定限额
A13—2	投资估算审查修改文件	设计单位按照批准的投资估算总额编制项目投资估算,审查修改设计文件,作为下阶段投资对照分析和控制的依据
A13—3	设计概算	在初步设计阶段由设计单位完成设计概算
A13—4	鉴修概算	鉴修概算是在建设单位对初步设计文件初审并经铁道部批复的基础上编制的,参考铁道部批复意见,并与批复总概算吻合。是建设单位组织工程招标或编制施工图投资检算的主要依据,也是项目工程实施阶段投资控制的基础
A13—5	投资检算	在施工图设计阶段由设计单位完成的投资检算
A13—6	分标段预算	在建设项目招标完成后,审计单位组织编制分标段执行预算,是建设单位指导验工计价和投资管理的基础
A13—7	甲供物资价款资料	包括标底确定资料、投标报价资料、中标价确定资料等
A13—8	验工计价资料	包括建筑安装工程、设备工器具、征地及拆迁、勘查设计费、工程咨询费、监理费、建设管理费统计计价资料等。在批准的预算范围内,应按有效支付凭证进行归类统计计价。工程建设项目完成的所有投资都应进行验工计价
A13—9	清理概算资料	包括项目清理概算报告及上级主管部门批复意见,是项目管理机构编制项目工程决算的依据
A13—10	投资管理台账	投资管理台账应详细记载各阶段投资审批、工程招投标、执行预算、年度投资、变更设计、降造费使用、概算清理等内容

第三节　工程勘察设计资料

一、勘察资料

1. 勘察设计工作流程表

勘察设计工作流程表见表2—28。

表 2—28 勘察设计工作流程

阶段	项目管理机构	设计单位	施工单位	监理及相关单位
可行性研究	项目建议书批复、成立项目管理机构后，落实勘察设计管理人员	勘察设计、编制预可研文件		
	制定勘察设计管理办法			
	审查勘察大纲，验收勘察报告，地质复杂地段委托勘察监理（咨询）	制定勘察设计工作计划，编报地质勘察大纲，报验勘察报告		地质复杂地段实施地质勘察设计监理（咨询）
	对地质勘探监理资料归档			
	报送用地预审、环保、水保的评估报告书及相关资料	提供评估相关资料		
	组织设计单位与相关权单位签订三电改移、改路、改渠、管线迁移等框架协议	初测，提供技术资料，参与框架协议的签订		
	对于200km/h及以上线路，无砟轨道组织布设A级GPS点，有咋轨道组织布设B级GPS点	对于200km/h及以上线路，无砟轨道组织布设A级GPS点，有砟轨道组织布设B级GPS点		
	铁路公司（筹备组）组织可研初审，铁路局下设项目管理机构组织可研预审，参与可研初审			
	参与可研审查	提供可研资料		
初步设计	人员基本到位，明确职责			
	委托初步设计、勘察设计监理（咨询）	勘察设计		实施勘察设计监理（咨询）
	对于200km/h及以上线路，组织布设CPⅠ点、CPⅡ点	对于200km/h及以上线路，布设CPⅠ点、CPⅡ点		
	外部电源咨询	配合外部电源咨询		
	组织设计单位与相关产权单位签订三电改移、改路、改渠、管线迁移等原则性协议	定测，提供技术资料，参与原则性协议的签订，编制初步设计文件、概算		
	组织或参与初步设计审查	提供初审相关资料，配合审查		

续上表

阶段	项目管理机构	设计单位	施工单位	监理及相关单位
初步设计	督促设计单位修改初步设计文件，编制鉴修概算	修改初步设计文件，编制鉴修概算		
	组织或参与鉴修概算的审查并报铁道部核备	配合审查		
施工图设计	签订施工图设计合同（含供图协议）			
	组织设计单位进行补充定测和施工图设计	补充定测，施工图设计		
	组织设计单位与相关产权单位签订三电迁改、改路改渠、管线迁移等实施性协议或纪要	参与实施性协议或纪要的签订		
	组织施工图设计审核和优化	按审核意见修改施工图		施工图审核单位审核施工图
	组织或参与投资检算的审查，按要求上报核备	编制施工图工程量清单和投资检算		
	组织技术交底、测量交桩、全线贯通测量，复核设计图纸	负责技术交底、测量交桩，校正测量资料	参加技术交底、测量交桩，负责贯通测量，汇报测量结果	参与技术交底、测量交桩，监督贯通测量
	组织桩基试验、高性能混凝土配合比试验研究、GSM-R频段电磁环境调查	参与试验、研究、调查，调整设计参数	试验，汇报试验结果	监督试验
	报批开工报告	现场配合施工机构和人员到位，管理制度完善		
工程实施	指导施工图现场核对	配合施工图现场核对	组织施工图现场核对	参与施工图现场核对
	对于200km/h以上无砟轨道线路，组织布设CPIII点	对于200km/h以上无砟轨道线路，配合布设CPIII点	对于200km/h以上无砟轨道线路，布设CPIII点	
	组织变更设计	编制变更设计	参与变更设计	参与变更设计
	检查、督促、协调设计现场配合工作(含地质核查)	做好设计现场配合工作		
	组织施工图考核	配合施工图考核		
	组织单位工程验收	参与重点检验批、分部、分项工程及单位工程的验收	申请检验批、分部、分项、单位工程的验收，落实整改措施，对不合格项申请复验	组织检验批、分部、分项工程验收，参与单位工程的验收
竣工验收	竣工验收	参与验收	配合验收	参与验收

2. 勘察资料

(1)勘察大纲资料

勘察大纲资料包括地质勘察大纲和相应的审查资料。审查后的地质勘察大纲是地质勘察合同的一部分。勘察大纲是勘察工作指导性文件，由勘察设计单位完成，通过勘察监理和建设单位的审查。

(2)勘察报告资料

勘察报告资料包括勘察报告和相应的验收资料。勘察报告是勘察工作的成果，由勘察设计单位完成，通过建设单位组织的验收。

(3)初测资料

初测资料是勘察初测工作的成果，由勘察设计单位完成，是进行可行性研究的依据性资料。

(4)定测资料

定测资料是勘察定测工作的成果，是由勘察设计单位在初测资料的基础上完成的，是进行初步设计的依据性资料。

(5)勘察监理资料

勘察监理资料包括勘察监理规划、勘察监理细则、勘察监理月报、勘察监理日志、检查记录、旁站记录、监理通知、勘察监理工作总结。

1)勘察单位用表

B1—5—1 工程地质勘察开工报告

B1—5—2 工程地质勘察主要进场机械、设备报验表

B1—5—3 工程地质勘察主要进场人员报审表

B1—5—4 工程地质勘察分包单位资格报审表

B1—5—5 工程地质勘察段(点)资料报检表

B1—5—6 工程地质勘察成果资料报审表

B1—5—7 已完成工程地质勘察工作量月报检表

B1—5—8 工程地质勘察监理工程师通知回复单

B1—5—9 工程地质勘察质量问题调查报告单

B1—5—10 工程地质勘察复工申请表

2)监理单位用表

B1—5—11 工程地质勘察检查记录表

B1—5—12 工程地质勘察监理工程师通知单

B1—5—13 工程地质勘察暂停通知单

B1—5—14 工程地质勘察复工通知单

B1—5—15 工程地质勘察质量问题通知单

B1—5—16 工程地质勘察旁站记录表

3)三方共用

B1—5—17 工程地质勘察监理工作联系单

B1—5—18 工程地质勘察变更通知单

二、设计资料

1. 初步设计资料

初步设计资料包括初步设计文件、设计图纸、设计概算、鉴修概算以及初步设计初审意见、审查及批复文件。勘察设计单位在向建设单位提供初步设计初审资料后，建设单位组织或参加对初步设计的初审，形成初审意见后上报主管部门。主管部门对初步设计进行审查和批复，勘察设计单位根据审查意见修改初步设计、编制鉴修概算，建设单位审查后上报主管部门核备。

2. 施工图设计资料

施工图设计资料包括施工图纸、投资检算以及施工图设计审核、优化、审查文件。勘察设计单位提供施工图设计资料后，建设单位组织施工图设计审核和优化，勘察设计单位根据审核意见修改施工图、编制投资检算，建设单位组织对投资检算进行审查并按要求上报主管部门核备。施工图设计资料格式见表2—29。

3. 变更设计资料

(1)变更设计资料工作流程见表2—29。

表 2—29　变更设计资料

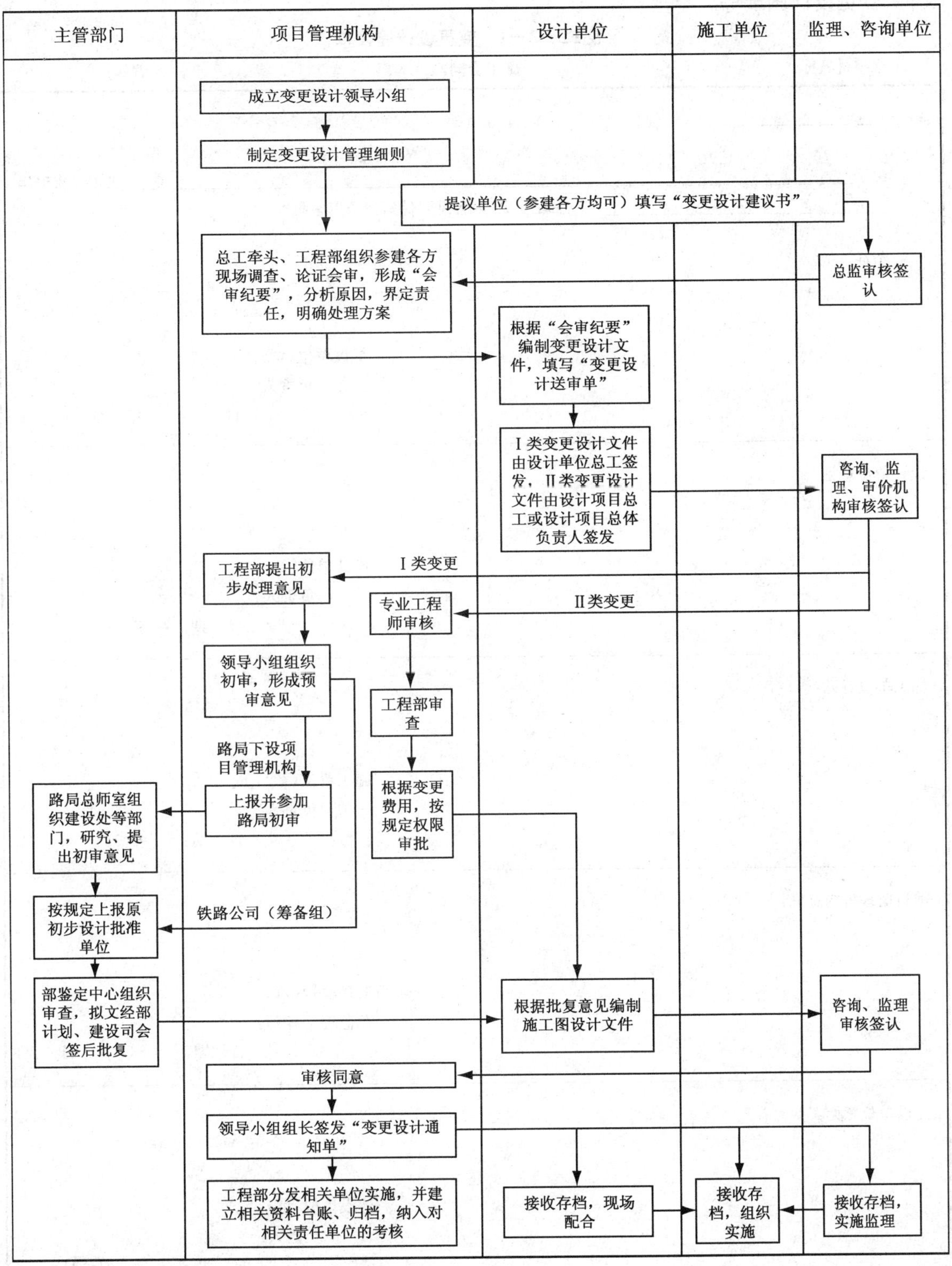

主管部门
项目管理机构
设计单位
施工单位
监理、咨询单位
成立变更设计领导小组
制定变更设计管理细则
提议单位（参建各方均可）填写“变更设计建议书”
总监审核签认
总工牵头、工程部组织参建各方现场调查、论证会审，形成“会审纪要”，分析原因，界定责任，明确处理方案
根据“会审纪要”编制变更设计文件，填写“变更设计送审单”
Ⅰ类变更设计文件由设计单位总工签发，Ⅱ类变更设计文件由设计项目总工或设计项目总体负责人签发
咨询、监理、审价机构审核签认
Ⅰ类变更
工程部提出初步处理意见
Ⅱ类变更
专业工程师审核
领导小组组织初审，形成预审意见
工程部审查
路局下设项目管理机构
上报并参加路局初审
根据变更费用，按规定权限审批
路局总师室组织建设处等部门，研究、提出初审意见
按规定上报原初步设计批准单位
铁路公司（筹备组）
部鉴定中心组织审查，拟文经部计划、建设司会签后批复
根据批复意见编制施工图设计文件
咨询、监理审核签认
审核同意
领导小组组长签发“变更设计通知单”
工程部分发相关单位实施，并建立相关资料台账、归档，纳入对相关责任单位的考核
接收存档，现场配合
接收存档，组织实施
接收存档，实施监理

(2)变更设计资料是按《铁路建设项目变更设计管理办法》规定程序，对工程进行变更设计形成的有关资料。包括变更提议(见表B2—3—1)、会审(勘)纪要、投资比较、批准的变更设计文件、变更设计图纸等。

表B2—3—1 变更设计提议单

工程项目名称： 施工合同段： 编号：

致__________：
由于__________原因，兹提出__________工程变更(内容见附件)，请予以审批。 附件： 提议单位(章)： 负责人： 日 期： 年 月 日
设计单位意见： 设计单位(章)： 负责人： 日 期： 年 月 日
施工单位意见： 施工单位(章)： 项目负责人： 日 期： 年 月 日
项目监理机构意见： 项目监理机构(章)： 总监理工程师： 日 期： 年 月 日
建设单位意见： 建设单位(章)： 负责人： 日 期： 年 月 日

4. 工程咨询资料

对于经批准采用工程设计咨询的建设项目，工程咨询资料包括工程咨询大纲、阶段实施细则和工程咨询报告等。工程咨询报告一般可分为阶段性工程咨询报告、阶段性工程咨询补充报告和工程咨询总体报告。工程咨询报告完成后，工程咨询单位应将工程咨询报告报送建设单位，同时抄送勘察设计单位。咨询报告格式见表 2－30。

表 2－30　咨询报告格式

1. 封面 应标明工程咨询项目的全称、咨询单位的全称、项目的完成日期等。 2. 扉面 宜做统一设计。 3. 报告简介 3.1 抬头：标明工程咨询项目的全称、咨询类别名等，并注以“摘要”字样。 3.2 咨询项目名称：注明咨询项目的名称，但成果形式说明可省略。 3.3 委托单位：标明委托单位的全称（个人委托的为姓名全称），法定代表人联系人、联系电话、法定住所等。 3.4 咨询单位：标明咨询单位的全称，法定代表人、联系人、单位联系电话、法定住所。 3.5 咨询人员：枚列项目负责人、专业工程师、人员的姓名、职称、职务、执业注册资格等情况（必要时注明分工作业情况），并方便工程师执业签注。 3.6 咨询作业日期：标明起止作业日期的年月日。 3.7 报告编号：注明咨询报告的编号。 3.8 咨询报告结论或内容摘要（一般控制在 500 字以内，能说明问题并尽量简短）。 3.9 落款。工程咨询单位签章，并注明签章具体日期。 4. 目录 4.1 根据不同的工程咨询内容，分卷分章节、分内容依次列注工程咨询成果、报告资料的内容。 4.2 列清楚成果、报告的附件内容清单。 4.3 对于简短的咨询成果、报告（如 3 页纸以内）可以不设咨询成果、报告的目录页。 5. 工程咨询成果、报告主体内容 5.1 成果、报告主体内容根据不同的咨询类别内容和要求相应拟定，管理部门、行业内部有格式要求的按格式要求拟制，无格式要求的由工程咨询机构自行规定格式内容，但应符合 4.2 的有关要求。 5.2 无格式要求的工程咨询报告至少应完整地说明以下情况： (1)工程咨询项目的概况，标明项目的主体情况和客体全貌与特征。 (2)工程咨询的内容。 (3)工程咨询的依据。 (4)工程咨询的过程。 (5)工程咨询的结果效用或建议等。 5.3 成果、报告的结尾成果、报告结尾处应有咨询单位和签发工程咨询成果、报告的工程师的签章，署明签章年月日。在签章部分的前面为成果、报告的附件清单，后面必要可用小字号体附注咨询单位、联系人、联系电话、地址、邮码、传真、E—mail 信箱等。 6. 附件：咨询单位资质证书缩印件

5. 咨询大纲内容

工程咨询大纲应包括下列内容：

(1)咨询项目概述；

(2)采用的规范及标准：

(3)咨询机构及人员状况；

(4)分阶段咨询策划及完成时间；

(5)工程咨询总体报告及完成时间；

(6)工程咨询质量目标及质量保证措施。

2.实施细则内容

(1)采用的规范及标准；

(2)工程咨询工作重点；

(3)工程咨询和检算的主要项目和内容；

(4)主要技术参数，计算方法、计算程序的选用；

(5)工程咨询检算中不适宜采用国内规范的主要项目、内容及相关说明。拟采用国外规范咨询检算的项目、内容及相关说明；

(6)主要咨询检算项目完成时间明细表；

(7)文件的审核、签署及发文程序；

(8)阶段性咨询报告的完成时间。

3.工程咨询报告

(1)工程咨询报告分类

1)工程咨询报告一般可分为阶段性工程咨询报告、阶段性工程咨询补充报告和工程咨询总体报告。

2)工程咨询单位必须按照与业主协商确定的时间提供工程咨询报告，不得随意推迟提交时间。

(2)阶段性工程咨询报告

阶段性工程咨询报告是指某一阶段(含重点单位工程结构物)工程咨询工作完成后的工程咨询报告。其内容应包括：

(1)工程咨询工作概述；

(2)供工程咨询采用的文件；

(3)工程咨询主要内容；

(4)依据的规范、标准及有关的文件。

1)阶段性工程咨询补充报告

阶段性工程咨询补充报告是对阶段性工程咨询报告进行补充、修改，完善之后的工程咨询报告。

2)工程咨询总体报告

工程咨询总体报告除包括上述两个报告的内容要求外，应增加有关专家论证评审意见的执行情况、重大技术问题报批及审查意见的执行情况以及对工程设计和工程建设的评价意见。

填表注意事项：

(1)工程咨询方在工程咨询的全过程中，与设计方应经常保持联系，就发现的技术问题主动及时沟通。为了加强工作的时效性，联系方式可以是电函、传真、电子邮件等，但事后应完善手续，上述文件应有主要技术负责人签署并加盖单位公章

(2)工程咨询报告完成后，工程咨询单位应将工程咨询报告报送指挥部，同时抄送设计单位。

(3)设计单位应积极主动地配合工程咨询工作，在认真研究、相互沟通、正确理解、确认工程咨询报告的基础上进行回复，并应对工程咨询文件提出建议。回复文件应和工程咨询文件相对应，其内容一般应包括：

1)采纳工程咨询意见的情况及其落实的措施；

2)不同意采纳工程咨询意见的原因及其说明和相关的计算资料；

3)对工程咨询意见进行沟通时，需要工程咨询方进行说明的问题及提供的计算资料；

4)对工程咨询报告的建议(如是否漏项，规范、标准、参数选用是否合适等)。

(4)设计单位在接到工程咨询报告后，一般情况 7 至 10 天内，特殊情况应在 14 天内将回复意见按工程咨询报告文号报指挥部，并抄送工程咨询单位。工程咨询单位如对回复意见有异议，应于 14 日内回复设计单位，同时报指挥部。如双方还不能达成共识时，指挥部应在 3 日内召开沟通会，并通知工程咨询、设计和有关单位参加。达成共识并具备条件启用施工图的，应于 2 日内完成发图，如需修改施工设计图，设计单位应于 7 天内完成修改设计，工程咨询单位应于收到修改设计图 7 天内完成工程咨询审核并发图。

(5)指挥部、工程咨询、设计等单位在工程咨询的全过程中，对工程咨询工作中发现的技术问题应主动及时沟通，建立工作例会制度，解决设计、咨询过程中存在的问题。

(6)根据工程咨询合同，咨询单位在形成阶段性咨询报告和阶段性咨询补充报告的过程中，对设计存在的问题由咨询单位与设计单位及相关专业人员加强过程沟通，邀请指挥部有关人员参加，努力将存在的问题解决在过程之中。

(7)阶段咨询报告完成后，由工程咨询单位组织召开阶段咨询技术沟通协调会。设计单位分管总工、项目总体及相关专业人员、项目总监、指挥部总工及相关人员参加会议。

工程咨询单位和设计单位应就工程咨询和回复过程中遗留的问题进行说明，重大技术问题应出具书面文件。同时应备齐相关的规范、标准、图纸和计算数据等资料。

(8)工程咨询技术沟通协调会应创造一种互相尊重、相互理解、共同协商的和谐氛围。充分理解因中外文化背景的差异、语言表达方式的不同、设计理念工作方法的不同，设计规范的不同、国情的不同给工程咨询沟通所带来的不便。本着客观公正、科学适用、求真务实的原则，就工程咨询提出的问题达成共识或找出解决途径。

(9)工程咨询技术沟通协调会议结束时，应及时签署会议纪要。纪要应明确达成共识的问题，遗留问题的解决途径和方法，解决遗留问题时需要提供资料、补充计算或修改设计的时限，进行再次沟通的时间等。工程咨询单位应根据会议达成的共识及同意遗留问题解决的途径和方法，以补充工程咨询报告的形式予以确认。

(10)工程咨询单位要积极主动地对所有的工程咨询意见进行跟踪工程咨询，每一条工程咨询意见必须有最终的处理结果。对跟踪工程咨询的结论，工程咨询单位以补充报告的形式予以确认，并发指挥部和设计单位。

(11)对工程咨询技术沟通协调会中未形成一致意见的技术问题，工程咨询单位和设计单位各自完成补充工作并报指挥部。指挥部主持召开设计、咨询、监理参加的技术协调会议，必要时邀请专家参加，进行专题研究并形成会议纪要。

对会议纪要中未取得一致意见的重大技术问题，由指挥部报铁路局(或部工程管理中心)，同时附专家论证评审意见和指挥部初步处理意见。待批复后，按照批复意见处理。

第三章　工程施工资料

第一节　施工管理资料

一、施工组织资料

(1)施工组织机构资料包括施工单位现场的机构设置、人员配置(含施工作业人员)、工作职责等。

(2)施工管理规章制度资料是指施工单位为实现质量、安全、工期、投资效益、环境保护和科技创新等“六位一体”控制目标而制定的各项管理制度。

(3)施工组织设计流程见表 3－1。

表 3－1　施工组织设计流程

阶段	项目管理机构	设计单位	施工单位	监理单位
前期	对初设文件中的施工组织设计进行审查，并形成意见上报	提供初步设计文件（编定施工组织设计）		
施工准备	根据初步设计文件的批复意见，组织施工技术调查 组织研究总体安排（总工期、安全、质量目标、年度投资计划等） 确定重点控制工程的施工组织方案，细化专业安排，明确施工要点 编制形成指导性施组文件（附相关图表） 上报路局（客运专线报部工管中心）审批			

续上表

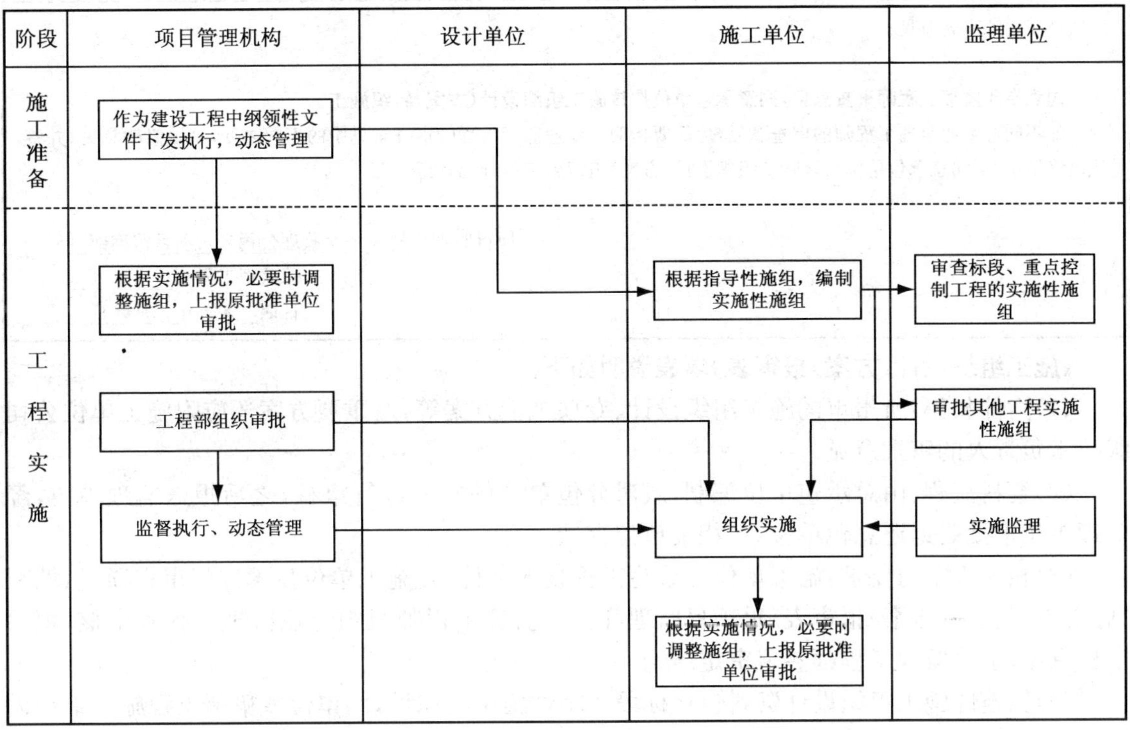

(4)施工组织设计(方案)报审表(表 C2－6－1)

表 C2－6－1　施工组织设计(方案)报审表

工程名称：××工程　　　　编号：×××

致 ××监理公司 (监理单位)

我方已根据施工合同的有关规定完成了 ××× 工程施工组织设计(方案)的编制，并经我单位上级技术负责人审查批准，请予以审查。

附：施工组织设计(方案)

承包单位(章) ×××建筑工程公司

项目经理 ×××

日期 ××年×月×日

专业监理工程师审查意见：

施工组织设计(方案)合理、可行，且审批手续齐全，拟同意承包单位按该施工组织设计(方案)组织施工，请总监理工程师审核。

若不符合要求，专业监理工程师审查意见应简要指出不符合要求之处，并提出修改补充意见后签署“暂不同意(部分或全部应指明)承包单位按该施工组织设计(方案)组织施工，待修改完善后再报，请总监理工程师审核”

专业监理工程师 ×××

日期 ××年×月×日

续上表

总监理工程师审查意见： **同意专业监理工程师审查意见，同意承包单位按该施工组织设计(方案)组织施工。** 如不同意专业监理工程师的审查意见，应简要指明与专业监理工程师审查意见中的不同之处，签署修改意见；并签认最终结论“不同意承包单位按该施工组织设计(方案)组织施工(修改后再报)”。 项目监理机构　××监理公司××项目监理部 总监理工程师　××× 日期　××年×月×日

《施工组织设计(方案)报审表》填表说明如下。

(1)附件收集：所报审的施工组织设计、专项施工方案等，对重要方案还应附施工单位公司级技术负责人的审批意见。

(2)资料流程：由总承包单位编制，或对分包单位的方案进行审核，之后报送监理单位，经监理单位审批后返还总包单位，各相关单位存档。

(3)相关规定与要求：施工单位应编写工程技术文件，经施工单位技术部门审查通过，填写《施工组织设计(方案)报审表》报项目监理部。总监理工程师组织专业监理工程师审核，填写审核意见，由总监理工程师签署审定结论。

(4)实施性施工组织设计资料包括标段实施性施工组织设计、单位或单项工程施工组织设计、专项施工方案、应急预案以及监理单位、建设单位的审核、审批意见等。专项施工方案是指对控制工程、重点工程以及技术复杂、危险性高的工程制定的专门施工方案。

二、施工现场质量管理检查记录(表 C1－3)

表 C1－3　施工现场质量管理检查记录

工程项目名称：　　　　施工合同段：　　　　编号：

单位工程名称			开工日期	
建设单位			项目负责人	
设计单位			项目负责人	
监理单位			总监理工程师	
施工单位	项目负责人		项目技术负责人	

序号	项目	内容
1	开工报告	
2	现场质量管理制度	
3	质量责任制	
4	工程施工质量检验制度	
5	施工技术标准	
6	施工图现场核对情况	
7	地质勘察资料	
8	交接桩、施工复测及测量控制网资料	
9	施工组织设计、施工方案和环境保护方案及审批	
10	主要专业工种操作上岗证书	

续上表

序号	项目	内容
11	各类人员质量责任登记情况	
12	施工检测设备及计量器具设置	
13	工程材料、设备管理制度	
检查结论： 总监理工程师：　　　日　期：　　　年　月　日		

注：施工现场质量管理检查是施工前施工单位对所做施工准备工作的一次全面检查，是保证项目顺利施工的一项基础工作。施工单位自查后，监理单位的总监理工程师进行检查，做出合格或不合格及限期整改的结论。

三、分包单位资料(表C1－4)

表C1－4　分包单位资质报审表

工程项目名称：　　　　　　施工合同段：　　　　　　编号：

致＿＿＿＿＿＿＿＿(项目监理机构)： 经考察，我方认为选择的＿＿＿＿＿＿＿＿(分包单位)具有承担下列工程的施工资质和施工能力，可以保证本工程项目按合同的规定进行施工。分包后，我方仍承担总包单位的全部责任。请予以审查和批准。 附：1. 分包单位资质材料； 2. 分包单位业绩材料。			
分包工程名称(部位)	工程数量(单位)	拟分包工程合同额(万元)	分包工程占总包工程(%)
合　计			
施工单位(章)： 项目负责人： 日　期：　年　月　日			
专业监理工程师意见： 专业监理工程师： 日　期：　年　月　日			
总监理工程师意见： 项目监理机构(章)： 总监理工程师： 日　期：　年　月　日			
建设单位意见(需要时)： 建设单位(章)： 负责人： 日　期：　年　月　日			

注：对于允许分包的工程，分包单位资料包括分包单位资质资料、业绩资料以及分包工程名称、部位、工程数量、合同额等。含监理单位审查、签认意见文件。

四、主要进场人员资料(表 C1－5)

表 C1－5　主要进场人员报审表

工程项目名称：　　　　　　　　施工合同段：　　　　　　　　编号：

致＿＿＿＿＿＿＿＿＿＿(项目监理机构)：

下列人员已进场，并满足合同约定，请予以审查。

附：人员资格证明复印件。

施工单位(章)：

项目负责人：

日　期：　年　月　日

序号	姓名	性别	出生年月	职务/职称	学历	专业	专业年限	备注

审查结论：

专业监理工程师：

日　期：　年　月　日

注：主要进场人员资料包括施工单位按合同约定进场的相应人员、人员资格证明等资料。含监理单位审查、签认意见文件，也包括其他人员的质量责任登记资料。

五、主要进场施工机械、设备资料(表 C1－6)

表 C1－6　进场施工机械、设备报验表

工程项目名称：　　　　施工合同段：　　　　编号：

致＿＿＿＿＿＿＿＿＿(项目监理机构)：

下列施工机械、设备按合同约定已进场，并经我方检查，能满足工程施工需要，请审验签证并准予使用。

施工单位(章)：

项目负责人：

日　期：　　年　月　日

序号	机械设备名称	规格及型号	数量	技术状态	进场日期	使用工点	备注

审验结论：

专业监理工程师：

日　期：　　年　月　日

注：主要进场施工机械、设备资料包括施工单位进场施工机械、设备的规格、型号、数量以及技术参数、质量证明文件、检验报告等。含监理单位审查、签认意见文件。

第二节　施工技术资料

一、设计技术交底资料(表 C2－2)

表 C2－2　设计技术交底记录

编号：

<table>
<tr><td>工程项目名称</td><td colspan="2"></td></tr>
<tr><td>施工合同段</td><td colspan="2"></td></tr>
<tr><td>施工单位</td><td colspan="2"></td></tr>
<tr><td>交底日期</td><td>年　　月　　日</td><td>共　　页第　　页</td></tr>
<tr><td colspan="3">交底内容及要点：</td></tr>
</table>

<table>
<tr><td>参加交底单位</td><td>负责人签字</td><td rowspan="6">建设单位(章)</td></tr>
<tr><td>建设单位：</td><td></td></tr>
<tr><td>设计单位：</td><td></td></tr>
<tr><td>施工单位：</td><td></td></tr>
<tr><td>监理单位：</td><td></td></tr>
<tr><td>其他单位：</td><td></td></tr>
</table>

注：(1)附件收集：必要的图纸、图片、“四新”(新材料、新工艺、新产品、新技术)的相关文件。

(2)资料流程：本表由施工单位填写，交底单位与接受交底单位各存一份，也应报送监理(建设)单位。

(3)相关规定与要求如下。

1)技术交底记录应包括施工组织设计交底、专项施工方案技术交底、分项工程施工技术交底、“四新”技术交底和设计变更技术交底。各项交底应有文字记录，交底双方签认应齐全。

2)重点和大型工程施工组织设计交底应由施工企业的技术负责人把主要设计要求、施工措施以及重要事项对项目主要管理人员进行交底。其他工程施工组织设计交底应由项目技术负责人进行交底。

3)专项施工方案技术交底应由项目专业技术负责人负责，根据专项施工方案对专业工长进行交底。

4)分项工程施工技术交底应由专业工长对专业施工班组(或专业分包)进行交底。

5)“四新”技术交底应由项目技术负责人组织有关专业人员编制。

6)设计变更技术交底应由项目技术部门根据变更要求，并结合具体施工步骤、措施及注意事项等对专业工长进行交底。

(4)注意事项：交底内容应有可操作性和针对性，能够切实地指导施工，不允许出现“详见×××规程”之类的语言。技术交底记录应对安全事项重点单独说明。

(5)其他：当作分项工程施工技术交底时，应填写“分项工程名称”栏，其他技术交底可不填写。

(6)在工程开工前，建设单位组织设计单位向施工、监理及其他相关单位进行设计技术交底。设计技术交底资料包括设计交底记录、设计交底问题汇总等。对重大、复杂或采用新技术、新标准、新结构、新工艺的工程，在施工前和施工中应由有关专业设计负责人到施工现场进行专题技术交底，形成专题技术交底资料。

二、交接桩及测量资料(表 C2－3－1)

表 C2－3－1　交接桩记录

编号：

<table>
<tr><td>工程项目名称</td><td colspan="3"></td></tr>
<tr><td>施工合同段</td><td colspan="3"></td></tr>
<tr><td>施工单位</td><td colspan="3"></td></tr>
<tr><td>交接桩日期</td><td>年　　月　　日</td><td>交接桩里程范围</td><td></td></tr>
<tr><td colspan="4">附件：1.
2.

问题及解决：

建设单位(章)：　　　　设计单位(章)：
负责人(签字)：　　　　负责人(签字)：

施工单位(章)：　　　　监理单位(章)：
负责人(签字)：　　　　负责人(签字)：</td></tr>
</table>

注：交接桩及测量资料包括交接桩记录、测量成果资料，也包括施工单位的施工复测资料。由建设单位组织设计单位向施工单位进行交桩。交接桩记录包括交桩资料明细，现场点桩情况、交接桩纪要等。测量成果资料包括：CPS 控制点坐标及点之记，平面控测导线桩坐标，中线逐桩坐标，水准点高程成果表及点之记，精密测量控制桩等。

三、图纸会审记录(表 C2－3－2)

表 C2－3－2　图纸会审记录

编号:×××

工程名称		××工程	日期	××年×月×日
地点		×××	专业名称	建筑结构
序号	图号	图纸问题	图纸问题交底	
1	结－1	结构说明 3 中,混凝土材料:地下室底板外墙使用抗渗混凝土,未给出抗渗等级	抗渗等级为 P8	
2	结－3,结－5	地下一层顶板③～⑤/Ⓒ～Ⓔ轴分布筋未标注	分布筋双向双排,均为 ϕ8@200	
3	结－10	Z14 中标高为 25.20～28.00m 与剖面图不符	Z14 标高应改为 21.50～28.00mm	
4	建－1,结－3,结－12	地下室外墙防水层使用 SBSⅡ型防水卷材,是否需加砌砖墙做防水保护层。	砌 120mm 厚砖墙做保护层	
签字栏	建设单位	监理单位	设计单位	施工单位
	×××	×××	×××	×××

《图纸会审记录》填表说明如下。

(1)资料流程:由施工单位整理、汇总后转签,建设单位、监理单位、施工单位、城建档案馆各保存一份。

(2)相关规定与要求如下。

1)监理、施工单位应将各自提出的图纸问题及意见,按专业整理、汇总后报建设单位,由建设单位提交设计单位做交底准备。

2)图纸会审应由建设单位组织设计,监理和施工单位技术负责人及有关人员参加。设计单位对各专业问题进行交底,施工单位负责将设计交底内容按专业汇总、整理,形成图纸会审记录。

3)图纸会审记录应由建设、设计、监理和施工单位的项目相关负责人签认,形成正式图纸会审记录。不得擅自在会审记录上涂改或变更其内容。

(3)注意事项:图纸会审记录应根据专业(建筑结构、给水排水及采暖、电气、通风与空调等)汇总、整理。图纸会审记录一经各方签字确认后即成为设计文件的一部分,是现场施工的依据。

四、工程洽商记录(表 C2－3－3)

表 C2—3—3　工程洽商记录

编号：×××

<table>
<tr><td colspan="2">工程名称</td><td colspan="2">××工程</td><td>专业名称</td><td>结构</td></tr>
<tr><td colspan="2">提出单位名称</td><td colspan="2">××建设集团有限公司</td><td>日期</td><td>××年×月×日</td></tr>
<tr><td colspan="2">内容提要</td><td colspan="4">支撑系统布置</td></tr>
<tr><td>序号</td><td>图号</td><td colspan="4">洽商内容</td></tr>
<tr><td>1</td><td>结施－4</td><td colspan="4">关于⑮/©～Ⓔ轴内钢楞配置方向与钢模板块垂直，直接承受板块传来的荷载，布置图示如下：
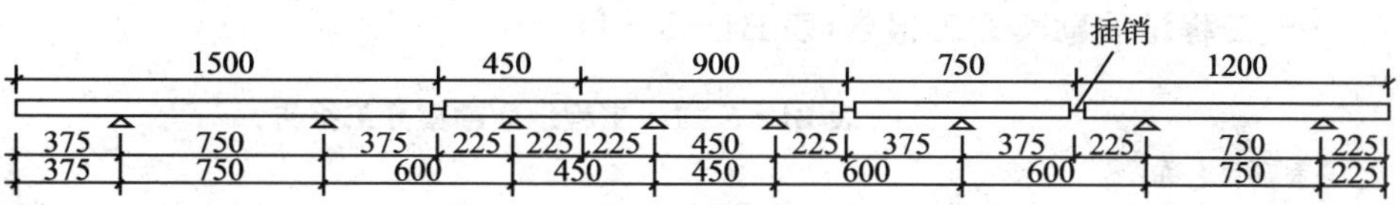
</td></tr>
<tr><td rowspan="2">签字栏</td><td colspan="2">建设单位</td><td>监理单位</td><td>设计单位</td><td>施工单位</td></tr>
<tr><td colspan="2">×××</td><td>×××</td><td>×××</td><td>×××</td></tr>
</table>

《工程洽商记录》填表说明如下。

(1)附件收集：所附的图纸及说明文件等。

(2)资料流程：由施工单位、建设单位或监理单位其中一方发出，经各方签认后存档。

(3)相关规定与要求：

1)工程洽商记录应分专业办理，内容翔实，必要时应附图，并逐条注明应修改图纸的图号；工程洽商记录应由设计专业负责人以及建设、监理和施工单位的相关负责人签认；

2)设计单位如委托建设(监理)单位办理签认，应办理委托手续。

(4)注意事项：不同专业的洽商应分别办理，不得办理在同一份上；签字应齐全，签字栏内只能填写人员姓名，不得另写其他意见。

(5)其他：

1)本表由建设单位、监理单位、施工单位、城建档案馆各保存一份；

2)"专业名称"栏应按专业填写，如基础、建筑结构、给排水及采暖、电气、通风与空调工程等。

五、其他资料

(1)施工图现场核对资料

施工单位、监理单位结合现场实际核对施工图，对重点、难点工程进行会审，汇总发现的问题形成书面资料。

(2)工程风险评估与管理资料

工程风险评估与管理资料是指对于采用风险评估与管理的工程，不同阶段的风险评估工作实施细则、风险评估报告、风险监测和处理措施记录以及审核、评审意见等。

(3)超前地质预报资料

超前地质预报资料包括超前地质预报实施大纲、各预测方法预测报告、地质综合分析报告、超前地质预报竣工总报告等。

(4)施工作业指导书

施工作业指导书是施工单位针对特殊过程、关键工序向操作人员交待作业程序、方法以及注意事项而制定的指导性文件。施工作业指导书应经项目技术负责人审批。

(5)施工技术总结

施工技术总结包括自开工至竣工的全过程相关内容，在工程竣工后规定的期限内完成编写。施工技术总结分综合性施工技术总结、各合同标段及重点工程施工技术总结。

第三节 现场勘察资料

一、工程地质勘察开工报告(表B1－5－1)

表B1－5－1 工程地质勘察开工报告

工程项目名称： 编号：

工程地质勘察开工报告
致(现场监理单位)： 我单位已根据××勘察设计合同、工程地质勘察大纲和有关规定，完成了工程地质勘察开工前的人员、技术、设备等的准备工作，请予批准开工。 附件： 1. 工程地质勘察主要进场机械、设备报验表 2. 工程地质勘察主要进场人员报审表 现场勘察机构(章)： 负责人： 日期： 年 月 日
监理单位审批意见： 现场监理机构(章)： 总监理工程师： 日期： 年 月 日

注：(1)此表一式三份，勘察单位、建设单位、监理单位各一份。

(2)监理人员应对勘察单位提交的《工程地质勘察开工报告》进行审查，具备开工必需的技术条件和工作人员、设备、物资条件后，由总监理工程师签发开工报告，并报建设单位核备。

(3)勘察单位应按规定要求填写《工程地质勘察开工报告》、《工程地质勘察主要进场机械、设备报验表》、《工程地质勘察主要进场人员报审表》、《工程地质勘察分包单位资格报审表》、《工程地质勘察段(点)资料报检表》、《工程地质勘察成果资料报审表》、《已完成工程地质勘察工作量月报检表》、《工程地质勘察监理工程师通知回复单》、《工程地质勘察质量问题调查报告单》、《工程地质勘察复工申请表》等文件报监理单位。

(4)监理单位、建设单位、勘察单位之间有联系事项时，应填写《工程地质勘察监理工作联系单》、《工程地质勘察变更通知单》等。

二、工程地质勘察主要进场机械、设备报验表(表 B1－5－2)

表 B1－5－2　工程地质勘察主要进场机械、设备报验表

工程项目名称：　　　　　　　　　　　　　　　　　　　　　　　　编号：

致(现场监理单位)：

根据工程地质勘察的需要，我单位已将下列机械、设备准备完毕，请审查、签证，并准予使用。

技术负责人：　　　　日期：

序号	机械设备名称	规格、型号	数量	技术状况	拟进场日期	拟用何处	审查意见

致(勘察单位)：

总监理工程师：

日期：

注：此表一式三份，勘察单位、建设单位、监理单位各一份；此表写不下时可另附。

三、工程地质勘察主要进场人员报审表(表B1－5－3)

表B1－5－3 工程地质勘察主要进场人员报审表

工程项目名称： 编号：

致(现场监理单位)：

根据工程地质勘察工作的需要，我单位拟安排下列主要技术(管理)人员参加本项目的勘察工作，请予以审查。

附：报审人员资格证明复印件

现场勘察机构(章)：

负责人： 日期：

序号	姓名	性别	出生年月	拟任职务	学历	专业	职称	专业年限	审查意见

现场监理单位意见：

现场监理机构(章)：

总监理工程师： 日期：

注：此表一式三份，建设单位、勘察单位、监理单位各一份。

四、工程地质勘察分包单位资格报审表(表B1－5－4)

表B1－5－4　工程地质勘察分包单位资格报审表

工程项目名称：　　　　　　　　　　　　　　　　　　编号：

致(现场监理单位)： 根据工作需要，拟将本勘察项目中的××段的部分工程地质勘察工作分包给××单位，经我单位对其资质和业绩的考核，认为该单位可胜任此项工作。请予以审查、批准。 附：1. ××单位资质证书复印件 2. ××单位主要工程地质勘察工作业绩 3. 参加本项目工作主要技术(管理)人员名单及其资质 现场勘察机构(章)： 负责人：　　　　日期：
现场监理单位意见： 现场监理机构(章)： 总监理工程师：　　　　日期：

注：此表一式三份，建设单位、勘察单位、监理单位各一份。

五、工程地质勘察段(点)资料报验表(表B1-5-5)

表B1-5-5 工程地质勘察段(点)资料报检表

工程项目名称： 编号：

<table>
<tr><td>致(现场监理单位)：
我单位已完成××段(点)的工程地质勘察工作，并通过自检，认为符合勘察合同、技术要求与相关规范，现报请检查。
附：1. 勘察工作自检报告
2. ××段(点)工程地质勘察资料报检清单

现场勘察机构(章)：
负责人： 日期：</td></tr>
<tr><td>监理单位意见：

监理站站长：
(或总监理工程师)
监理工程师： 日期：</td></tr>
</table>

注：此表一式二份，勘察单位、监理单位各一份。

六、工程地质勘察成果资格报审表(表 B1－5－6)

表 B1－5－6　工程地质勘察成果资格报审表

工程项目名称：　　　　编号：

<table>
<tr><td>致(现场监理单位)：
我单位已全面完成××段的工程地质勘察工作，地质勘察资料已整理完毕，并通过自检，认为符合勘察合同、技术要求与相关规范，现报请审查。
附：1. 勘察工作自检报告
2. ××段工程地质勘察资料报审清单

现场勘察机构(章)：
负责人：　　　日期：</td></tr>
<tr><td>监理单位审查意见：

现场监理机构(章)：
总监理工程师：　　　日期：</td></tr>
</table>

注：此表在一段或全部地质勘察工作完成后填报，一式三份，建设单位、勘察单位、监理单位各一份。

七、已完成工程地质勘察工作量月报检表(表 B1－5－7)

表 B1－5－7 已完成工程地质勘察工作量月报检表

工程项目名称： 编号：

日期： 年 月 日至 年 月 日

序号	工程地质勘察项目	勘察单位	本月完成数量	累计完成数量	备 注

现场勘察机构： 填表人： 负责人： 日期：	现场监理机构： 监理工程师： 监理站站长： 日期：

注：(1)此表一式三份，建设单位、勘察单位、监理单位各一份。

(2)总监理工程师主持编制《工程地质勘察监理月报》，并在规定期限内报建设单位。

(3)《工程地质勘察监理月报》的主要内容应包括：

1)本月工程地质勘察工作完成的主要工作量及进度；

2)监理工作情况；

3)勘察工作的质量状况及质量问题的处理情况；

4)建设、勘察、监理单位之间主要的协调工作情况；

5)存在问题及建议等。

八、工程地质勘察监理工程师通知回复单(表 B1－5－8)

表 B1－5－8 工程地质勘察监理工程师通知回复单

工程项目名称： 编号：

<table>
<tr><td>致监理单位：
（此表主要用于对监理通知单的书面回复，如对监理工程师提出的整改意见的回复、对一般质量问题处理情况的书面回复等）

现场勘察机构(章)：
负责人： 日期：</td></tr>
<tr><td>

现场监理机构：
日期：</td></tr>
</table>

注：此表一式三份，建设单位、勘察单位、监理单位各一份。

九、工程地质勘察质量问题调查报告单(表 B1－5－9)

表 B1－5－9 工程地质勘察质量问题调查报告单

工程项目名称： 编号：

<table>
<tr><td>致×××总监理工程师：

表中应简要说明如下内容：
1. 质量问题发生的时间、地点；
2. 质量问题的经过、发生的原因；
3. 问题性质、估计造成的损失；
4. 应急措施及初步处理意见；
5. 附件：详细的质量问题说明及必要的图件

现场勘察机构(章)：
负责人： 日期：</td></tr>
<tr><td>现场监理机构收件人：
日期：</td></tr>
</table>

注：此表一式三份，建设单位、勘察单位、监理单位各一份。

十、工程地质勘察复工申请表(表 B1－5－10)

表 B1－5－10　工程地质勘察复工申请表

工程项目名称：　　　　　　　　　　　　　　　　编号：

<table>
<tr><td>致(现场监理单位)：
　　我单位已按照你方×年×月×日签发的《工程地质勘察暂停通知书》(编号：×××)的要求，对××进行了整改和纠正，“暂停地质勘察”的原因已消除，现申请复工。

　　(表中应简要填写所采取的纠正措施及今后不发生类似质量问题的保证措施)

现场勘察机构(章)：
负责人：　　　　日期：</td></tr>
<tr><td>监理单位审批意见：

现场监理机构(章)：
总监理工程师：　　　　日期：</td></tr>
</table>

注：此表一式三份，建设单位、勘察单位、监理单位各一份。

十一、工程地质勘察检查记录表(表B1－5－11)

表B1－5－11 工程地质勘察检查记录表

工程项目名称： 编号：

<table>
<tr><td>工程地点：</td><td>日期：</td><td>气候：</td></tr>
<tr><td colspan="3">检查部位或工序</td></tr>
<tr><td>检查开始时间：</td><td colspan="2">检查结束时间：</td></tr>
<tr><td colspan="3">勘察情况：</td></tr>
<tr><td colspan="3">监理情况：</td></tr>
<tr><td colspan="3">发现的问题：</td></tr>
<tr><td colspan="3">处理过程：</td></tr>
<tr><td colspan="3">备注：</td></tr>
<tr><td>现场勘察机构(章)：
技术人员(签字)：
日期：</td><td colspan="2">现场监理机构(章)：
监理人员(签字)：
日期：</td></tr>
</table>

注：(1)此表一式三份，勘察单位、监理单位和建设单位各一份。

(2)对勘察全过程的检查，应填写“工程地质勘察监理日志”；巡视或抽检应填写“工程地质勘察检查记录表”；与勘察单位之间有书面通知事项时，应填写“工程地质勘察监理工程师通知单”或“工程地质勘察监理工作联系单”；每月应编制“工程地质勘察监理月报”。

(3)旁站监理过程应填写“工程地质勘察旁站记录表”。

(4)出现质量问题应根据质量问题的级别填写“工程地质勘察监理工程师通知单”、“工程地质勘察质量问题通知单”或“工程地质勘察暂停通知单”。

(5)发生重大质量问题后，经相关程序批准复工时，应填写“工程地质勘察复工通知单”。

十二、工程地质勘察监理工程师通知单(表 B1－5－12)

表 B1－5－12　工程地质勘察监理工程师通知单

工程项目名称：　　　　　　　　　　　　　　　　　　　　　　　　　　　编号：

<table>
<tr><td>致(勘察单位)：

此表应填写事由、具体通知内容等(包括"一般质量问题"、"一般安全问题"和需提请注意的其他事项)。

现场监理机构(章)：
监理工程师：　　　　　　　　日期：</td></tr>
<tr><td>勘察单位收件人：　　　　　　　　日期：</td></tr>
</table>

注：(1)此表一式二份，勘察单位、监理单位各一份。

(2)出现一般质量问题或隐患时，监理人员应及时填写《工程地质勘察监理工程师通知单》，以书面形式通知勘察单位，责令尽快改正，并要求勘察单位将整改情况以《工程地质勘察监理工程师通知回复单》书面回复。

(3)出现较大质量问题时，监理人员应及时填写《工程地质勘察质量问题通知单》，以书面形式通知勘察单位。勘察单位应填写《工程地质勘察质量问题调查报告单》，提出纠正方案及方法，经监理单位同意后执行。

(4)出现重大质量问题或隐患，监理人员应及时填写《工程地质勘察质量问题通知单》或《工程地质勘察暂停通知单》，以书面形式分别通知勘察单位、建设单位。

十三、工程地质勘察暂停通知单(表 B1－5－13)

表 B1－5－13 工程地质勘察暂停通知单

工程项目名称： 编号：

<table>
<tr><td>致(勘察单位)：
由于________________的原因，现通知你方必须于 年 月 日 时起，暂停<u>（项目名称及停工里程或勘察项目）</u>的工程地质勘察工作。</td></tr>
<tr><td>停工原因：</td></tr>
<tr><td>停工的主要内容：</td></tr>
<tr><td>整改要求：</td></tr>
<tr><td>现场监理机构(章)：
总监理工程师： 年 月 日 时</td></tr>
</table>

注：(1)此表一式三份，建设单位、勘察单位、监理单位各一份。

(2)现场发现工程地质勘察工作与勘察大纲或相关规范不符时，监理人员应及时提出，并责令改正。发生较大、重大质量问题或隐患、安全问题时，总监理工程师应及时处理，必要时签发《工程地质勘察暂停通知单》。《工程地质勘察暂停通知单》应即时报建设单位备案。在勘察暂停原因消除、具备复工条件时，总监理工程师应按程序及时签署《工程地质勘察复工通知单》。

十四、工程地质勘察复工通知单(表 B1－5－14)

表 B1－5－14　工程地质勘察复工通知单

工程项目名称：　　　　　　　　　　　　　　　　　　　　　　　　编号：

致 （勘察单位） ：

鉴于______年____月____日签发的《工程地质勘察暂停通知单》(编号：________)所述责令暂停__________项目__________段工程地质勘察工作的原因已经消除，现通知你方于　　年　　月　　日　　时起可对该项目恢复工程地质勘察。

特此通知

现场监理机构(章)：

总监理工程师：　　　　　　　　日期：

注：此表一式三份，建设单位、勘察单位、监理单位各一份。

十五、工程地质勘察质量问题通知单(表 B1－5－15)

表 B1－5－15 工程地质勘察质量问题通知单

工程项目名称： 编号：

<table>
<tr><td>勘察项目名称</td><td></td><td>里 程</td><td></td></tr>
<tr><td>检查日期</td><td></td><td>整改里程/部位</td><td></td></tr>
<tr><td colspan="4">检查情况和整改要求：

现场监理机构(章)：
监理工程师： 年 月 日 时</td></tr>
<tr><td colspan="4">勘察单位签收人： 年 月 日 时</td></tr>
<tr><td colspan="4">勘察单位处理结果：

负责人： 日期：</td></tr>
</table>

注：此表一式三份，建设单位、勘察单位、监理单位各一份。

十六、工程地质勘察旁站记录表(表 B1－5－16)

表 B1－5－16　工程地质勘察旁站记录表

工程项目名称：　　　　　　　　　　　　　　　　　　　　编号：

<table>
<tr><td>工程地点：</td><td>日期：</td><td>气候：</td></tr>
<tr><td colspan="3">旁站监理部位或工序：</td></tr>
<tr><td>旁站监理开始时间：</td><td colspan="2">旁站监理结束时间：</td></tr>
<tr><td colspan="3">勘察情况：</td></tr>
<tr><td colspan="3">监理情况：</td></tr>
<tr><td colspan="3">发现的主要问题：</td></tr>
<tr><td colspan="3">处理过程和结果：</td></tr>
<tr><td colspan="3">备注：</td></tr>
<tr><td>现场勘察机构(章)：
技术人员(签字)：
日期：</td><td colspan="2">现场监理机构(章)：
旁站监理人员(签字)：
日期：</td></tr>
</table>

注：此表一式三份，勘察单位、监理单位和建设单位各一份。

十七、工程地质勘察监理工作联系单(表 B1－5－17)

表 B1－5－17 工程地质勘察监理工作联系单

工程项目名称： 编号：

<table>
<tr><td>致
事由：

内容：

单位(章)：
负责人：
日期：

签收人： 日期：</td></tr>
</table>

注：此表相关单位各一份。

十八、工程地质勘察变更通知单(表 B1－5－18)

表 B1－5－18　工程地质勘察变更通知单

工程项目名称：　　　　　　　　　　　　　　　　　　　　　　　　编号：

<table>
<tr><td>工程勘察项目名称</td><td></td></tr>
<tr><td>变更地段里程/工点名称</td><td></td></tr>
<tr><td colspan="2">工程勘察变更的主要内容：</td></tr>
<tr><td colspan="2">工程地质勘察的主要技术要求：</td></tr>
<tr><td>通知单位(章)：
负责人：
日期：</td><td>接收单位(章)：
接收人：
日期：</td></tr>
</table>

注：此表相关单位各一份。

第四节 工程测量资料

一、施工测量实施方案资料(表 C3－1)

表 C3－1 测量实施方案报审表

工程项目名称： 施工合同段： 编号：

致＿＿＿＿＿＿＿＿＿＿(项目监理机构)： 我单位根据承包合同的约定已编制完成＿＿＿＿＿＿＿＿＿＿工程的测量实施方案，并经我单位技术负责人审查批准，请予以审查。 附：测量实施方案 施工单位(章)： 项目负责人： 日 期： 年 月 日
专业监理工程师意见： 专业监理工程师： 日 期： 年 月 日
项目监理机构意见： 项目监理机构(章)： 总监理工程师： 日 期： 年 月 日
建设单位意见(需要时)： 建设单位(章)： 负责人： 日 期： 年 月 日

注：施工测量实施方案资料包括施工测量实施方案和监理单位审批文件。实施测量前，施工单位编制施工测量实施方案，填写《测量实施方案报审表》报审。

二、施工控制测量资料(表 C3－2)

表 C3—2　施工控制测量记录　　　　编号：×××

工程名称	××工程	委托单位	××建筑公司
图纸编号	×××	施测日期	××年×月×日
平面坐标依据	××——036 A、方 1、D	复测日期	××年×月×日
高程依据	测××——036 BMG	使用仪器	DS1 96007
允许误差	±13mm	仪器校验日期	××年×月×日

定位抄测示意图：

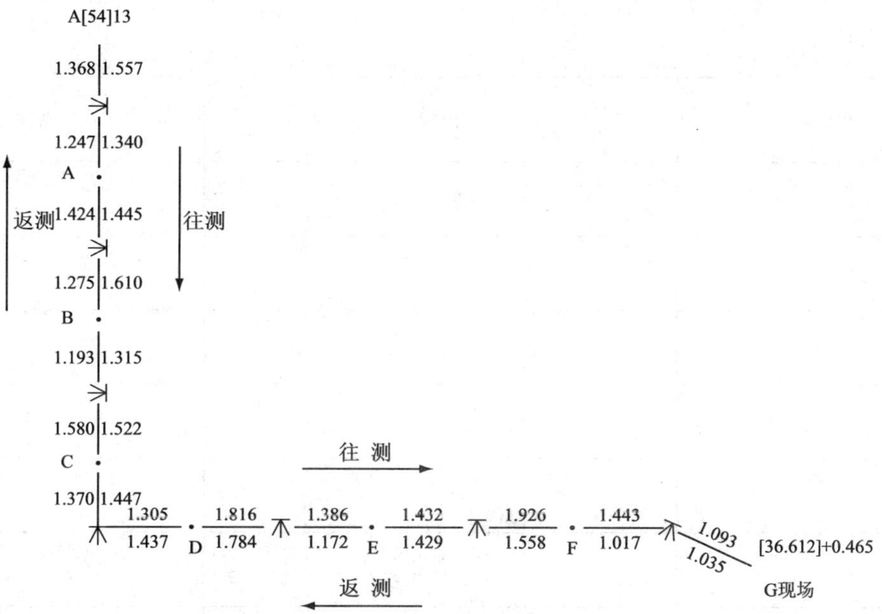

复测结果：

$h_{往}=\Sigma后-\Sigma前=+0.273m$　　$h_{返}=\Sigma后-\Sigma前=-0.281m$　　$f_{测}=\Sigma后+\Sigma前=-8m$

$f_{允}=\pm5mm$　　$\sqrt{N}=\pm5mm$　　允许误差±13mm 大于 $f_{测}$ 精度合格　　高差 $h=\pm0.277m$

签字栏	建设(监理)单位	施工(测量)单位	××建筑工程公司	测量人员岗位证书号	＊＊＊＊＊＊＊＊
		专业技术负责人	测量负责人	复测人	施测人
	×××	×××	×××	×××	×××

注：(1)资料流程：由施工单位填写，随相应的测量放线报验表进入资料流程。

(2)相关规定与要求如下。

1)测绘部门根据建设工程规划许可证(附件)批准的建筑工程位置及标高依据，测定出建筑的红线桩。

2)施工测量单位应依据测绘部门提供的放线成果、红线桩及场地控制网(或建筑物控制网)，测定建筑物位置、主控轴线及尺寸、建筑物±0.000 绝对高程，并填写《施工控制测量记录》(表 C3－2)报监理单位审核。

3)工程定位测量完成后，应由建设单位报请政府具有相应资质的测绘部门申请验线，填写《建设工程验线申请表》报请政府测绘部门验线。

(3)注意事项：

1)"委托单位"填写建设单位或总承包单位；

2)"平面坐标依据、高程依据"由测绘院或建设单位提供，应以规划部门钉桩坐标为标准，在填写时应注明点位编号，且与交桩资料中的点位编号一致。

(4)本表由建设单位、监理单位、施工单位、城建档案馆各保存一份。

三、施工测量放样资料(表 C3－3)

表 C3－3　施工复测/测量放样报验表

工程项目名称：　　　　　　　　施工合同段：　　　　　　　　编号：

致＿＿＿＿＿＿＿＿＿＿＿＿(项目监理机构)：

根据合同要求,我单位已完成＿＿＿＿＿＿＿＿＿＿＿＿的施工复测/测量放样工作,清单如下,请予以核验。

附:施工复测/测量放样资料。

工程地点	内容	备注

施工单位(章)：

测量人：

审核人：

技术负责人：

日　期：　　年　月　日

审查结论：

专业监理工程师：

日　期：　　年　月　日

四、结构变形监测与控制资料(表 C3－4)

表 C3－4　结构变形监测记录

<table>
<tr><td>工程名称</td><td></td><td>水准点编号</td><td></td><td>测量仪器</td><td></td></tr>
<tr><td>水准点
所在位置</td><td></td><td>水准点高程</td><td></td><td>仪器鉴定日期</td><td></td></tr>
<tr><td colspan="6">略图</td></tr>
<tr><td colspan="6">监控记录：</td></tr>
<tr><td colspan="6">分析及处理措施：</td></tr>
<tr><td colspan="6">专业监理工程师意见：

专业监理工程师：
日　期：　　年　月　日</td></tr>
<tr><td colspan="6">项目监理机构意见：

项目监理结构(章)：
总监理工程师：
日　期：　　年　月　日</td></tr>
</table>

注：结构变形监测与控制资料是指对隧道和特殊桥梁结构变形的监控量测记录以及分析、控制和处理措施等资料。

五、沉降变形观测与评估资料(表 C3－5)

表 C3－5 沉降观测记录

工程名称	××工程	水准点编号	J1	测量仪器	Ni004
水准点所在位置	**见附图(略)**	水准点高程(m)	50.000 0	仪器鉴定日期	××年×月×日
略图:见附图(略)					

观测点编号	观测日期	荷载累加情况描述	实测标高(m)	本期沉降量(m)	总沉降量(m)	备注
C1	××年×月×日	0.00	51.380 17	0.000 23	0.002 70	
C2	××年×月×日	0.00	50.358 40	0.000 46	0.002 34	
C3	××年×月×日	0.00	51.381 82	0.000 98	0.002 46	

观测单位名称	**××测绘工程公司**	
技术负责人	审核人	施测人
×××	×××	×××

注:(1)根据设计要求和规范规定,凡需进行沉降观测的工程,应由建设单位委托有资质的测量单位进行施工过程中及竣工后的沉降观测工作。

(2)测量单位应按设计要求和规范规定,或监理单位批准的观测方案,设置沉降观测点,绘制沉降观测点布置图,定期进行沉降观测记录,并应附沉降观测点的沉降量与时间、荷载关系曲线图和沉降观测技术报告。

(3)本表由测量单位提供,建设单位、监理单位、施工单位各保存一份。

(4)沉降变形观测与评估资料包括各类工程结构的变形观测与评估资料,是无砟轨道铺设的依据。其中线下工程的沉降变形评估报告由专门机构根据标准方法进行判定后提出。

六、竣工测量资料

竣工测量资料包括竣工测量记录和竣工测量成果。每项工程竣工时应由施工单位按设计文件要求和相关标准规定，对线路、路基及各种建筑物的位置、尺寸、高程及用地界进行测量核对，如实反映在竣工资料和图纸上。

第五节　工程试验资料

一、工程试验实施方案资料(表 C4－1)

表 C4－1　试验实施方案报审表

工程项目名称：　　　　施工合同段：　　　　编号：

致＿＿＿＿＿＿＿＿(项目监理机构)： 我单位根据承包合同的约定已编制完成＿＿＿＿＿＿＿＿工程的试验实施方案，并经我单位技术负责人审查批准，请予以审查。 附：试验实施方案 施工单位(章)： 项目负责人： 日　期：　年　月　日
专业监理工程师意见： 专业监理工程师： 日　期：　年　月　日
项目监理机构意见： 项目监理机构(章)： 总监理工程师： 日　期：　年　月　日
建设单位意见(需要时)： 建设单位(章)： 负责人： 日　期：　年　月　日

注：工程试验实施方案资料包括工程试验实施方案和监理单位审批意见等。工程试验是指施工单位、监理单位为采集有关质量指标和数据，对工程用原材料、构配件、成品、半成品、设备以及工程实体等进行的试验检测。施工单位试验前应编制工程试验实施方案，填写《试验实施方案报审表》，经监理单位批准后实施。

二、工程试验记录和报告(表 C4－3)

表 C4—3 钢材试验报告

编号：×××

试验编号：××—0324

委托编：××—09384

工程名称	××工程 基坑支护			试件编号	010
委托单位	××建筑工程公司			试验委托人	×××
钢材种类	热轧带肋	规格或牌号	HRB335ϕ25	生产厂	××钢铁集团公司
代表数量	20t	来样日期	××年×月×日	试验日期	××年×月×日
公称直径(厚度)	25.00mm			公称面积	490.0mm²

试验结果

力学性能试验结果						变曲性能	
屈服点(MPa)	抗拉强度(MPa)	伸长率(%)	$\sigma_{b实}/\sigma_{s实}$	$\sigma_{s实}/\sigma_{b标}$	变心直径(mm)	角度(°)	结果
385	605	26	1.57	1.15	75	180	合格
385	605	26	1.57	1.15	75	180	合格

化学分析							其他：
分析编号	化学成分(%)						
	C	Si	Mn	P	S	ceq	

结论：

依据《钢筋混凝土用钢 第 2 部分：热轧带肋钢筋》(GB 1499.2—2007)标准，符合热轧带肋 HRB335 级力学性能

批准	×××	审核	×××	试验	×××
试验单位	××建筑构件厂(中心试验室)				
报告日期	××年×月×日				

注：本表由试验单位提供，建设单位、施工单位各保存 1 份。

第六节　施工记录资料

一、施工记录

施工记录是施工单位对关键工序、重点部位施工过程的记录。以下施工记录在施工过程中必须填写，并纳入竣工文件。其他施工记录应根据工程特点进行增补，并根据其内容确定是否纳入竣工文件。

(1)打入桩施工记录(表 C5—1—1)；

(2)钻孔桩钻孔及清孔记录(表 C5—1—2)；

(3)基坑开挖施工记录(表 C5—1—3)；

(4)预应力混凝土简支梁终张拉记录(表 C5—1—4)；

(5)预应力混凝土连续梁张拉记录(表 C5—1—5)；

(6)预应力混凝土梁孔道压浆记录(表 C5—1—6)；

(7)预应力混凝土梁封锚(端)记录(表 C5—1—7)；

(8)粉体喷射搅拌桩施工记录(表 C5—1—8)；

(9)浆体喷射搅拌桩施工记录(表 C5—1—9)；

(10)高压旋喷桩施工记录(表 C5—1—10)；

(11)水泥粉煤灰碎石桩(CFC 桩)施工记录(表 C5—1—11)；

(12)强夯施工记录(表 C5—1—12)；

(13)隧道开挖断面及地质状况检查记录(表 C5—1—13)；

(14)隧道喷锚支护施工记录(表 C5—1—14)；

(15)线路锁定记录(表 C5—1—15)。

列出的施工记录，是对关键工序、重点部位施工过程的记录，对工程质量责任追溯和运营养护查考有利用价值，必须填写并纳入竣工文件保存。其他数量较多的施工记录，如混凝土的生产搅拌记录、浇筑记录、养护记录，以及预应力预张拉记录、初张拉记录等，由建设各方根据具体情况确定填写和保存要求。

现行铁路工程各专业施工质量验收标准，是按过程控制原则编制的，验收标准要求形成的验收资料中已经包括了以前“程检表”(或称“检查证”，也包括“质统表”)的多数内容。既填写施工质量验收表格，又填写“程检表”，会造成重复工作。填写本规程要求的施工记录和验收标准要求的验收资料后，可不再填写“程检表”等。

表 C5－1－1 打入桩施工记录

编号：

工程(标段)名称		施工单位		单位工程		桩顶设计高程	
里程及工点部位		桩机类型		桩的规格		桩设计桩长	

桩号	打桩日期	节数	桩入土每米锤击次数(击)											最后阶段		倾斜度		最后桩顶高程(m)	桩位偏差(mm)	接桩时间
			1	2	3	4	5	6	7	8	9	10	送桩锤击数	落锤高度(m)	平均贯入度(cm/10击)	设计值(%)	实际值(%)			

作业人：

记录人： 专职质量检查员： 施工技术负责人： 年 月 日

表 C5—1—2　钻孔桩钻孔及清孔记录

编号：

工程(标段)名称			施工单位			钻机类型及编号	
单位工程			钻孔起讫时间			钻头类型及直径	
部　位		桩　号		设计桩顶高程(m)		转盘顶高程(m)	
设计桩径(m)		设计孔深(m)		设计孔底高程(m)		护筒顶高程(m)	

月　日	时　间			工作内容	钻压(t)	转速(r/min)	钻杆长度(m)			钻进(m)		孔底高程(m)	地质情况	泥浆比重	作业人	记录人
	起	止	小计				编号	本次	累计	本次	累计					

换钻头记录：第____次换钻头：原钻头高度____ m，新钻头高度____ m。　记录人：________日期：________
第____次换钻头：原钻头高度____ m，新钻头高度____ m。　记录人：________日期：________
第____次换钻头：原钻头高度____ m，新钻头高度____ m。　记录人：________日期：________

清　孔　记　录　　记录人：________日期：________

开始清孔时间		清孔结束时间		清孔方式		作业人：
注入泥浆比重		清孔结束泥浆比重		清孔后孔径		
清孔前孔底高程		清孔后孔底高程		清孔后沉渣厚度		

专职质量检查员：　　施工技术负责人：　　监理工程师：　　年　月　日

表 C5－1－3 基坑开挖施工记录

编号：

<table>
<tr><td>工程(标段)名称</td><td></td><td>施工单位</td><td></td></tr>
<tr><td>单位工程</td><td></td><td>基坑名称及里程</td><td></td></tr>
<tr><td colspan="4">1. 坑底设计高程________，实际开挖坑底高程________。
2. 坑底土壤为____________，承载力为________MPa。根据钻探(试探)之结果，此土壤在坑底以下尚有____m，再下为____________层。
3. 地下水位高程________，坑中水在____年____月____日开始排水时高程为______，排水措施为________。
4. 基坑中共____桩____根。桩顶截断处高程：最高____，最低______。
5. ________围堰顶部高程________。
6. 其他情况记录：</td></tr>
<tr><td colspan="4">作业人：</td></tr>
<tr><td colspan="4">施工单位自检意见：

专职质量检查员： 年 月 日
施工技术负责人： 年 月 日</td></tr>
<tr><td colspan="4">监理单位意见：

监理工程师： 年 月 日</td></tr>
</table>

表 C5—1—4　预应力混凝土简支梁终张拉记录

<table>
<tr><td colspan="3">工程(标段)名称</td><td></td><td colspan="3">施工单位</td><td colspan="3"></td><td colspan="3">单位工程</td><td colspan="2"></td><td colspan="3">梁　　号</td></tr>
<tr><td colspan="3">浇筑日期</td><td></td><td colspan="3">张拉日期</td><td colspan="3"></td><td colspan="3">张拉时混凝土强度</td><td colspan="2"></td><td colspan="3">张拉时混凝土弹性模量</td></tr>
<tr><td colspan="3">锚具、夹具厂家</td><td></td><td colspan="3">锚具、夹具型号</td><td colspan="3"></td><td colspan="3">试验情况</td><td colspan="2"></td><td colspan="3">环境温度(℃)</td></tr>
<tr><td colspan="3" rowspan="2">校验记录</td><td>左端
(大里程端)</td><td colspan="10">千斤顶编号：　　　　校验日期：</td><td colspan="4">油表编号：　　　　校验日期：</td></tr>
<tr><td>右端
(小里程端)</td><td colspan="10">千斤顶编号：　　　　校验日期：</td><td colspan="4">油表编号：　　　　校验日期：</td></tr>
<tr><td rowspan="4">张拉顺序</td><td rowspan="4">钢束编号</td><td rowspan="2">初始应力(MPa)</td><td rowspan="2">控制应力(MPa)</td><td colspan="12">量　测　钢　束　伸　长(mm)</td><td rowspan="3">偏差(%)</td><td rowspan="3">钢绞线回缩(mm)</td></tr>
<tr><td colspan="4">初始应力</td><td colspan="4">控制应力</td><td rowspan="3">预/初张拉伸长值</td><td rowspan="3">预/初张拉至终张拉的伸长值</td><td rowspan="3">钢束总伸长值</td><td rowspan="3">计算伸长值</td></tr>
<tr><td rowspan="2">应力值/油表值</td><td rowspan="2">应力值/油表值</td><td colspan="2">活塞伸出量</td><td colspan="2">夹片外露</td><td colspan="2">活塞伸出量</td><td colspan="2">夹片外露</td></tr>
<tr><td>左 A</td><td>右 C</td><td>左 E</td><td>右 G</td><td>左 B</td><td>右 D</td><td>左 F</td><td>右 H</td><td>左</td><td>右</td></tr>
<tr><td>1</td><td></td><td></td><td></td><td></td><td></td><td></td><td></td><td></td><td></td><td></td><td></td><td></td><td></td><td></td><td></td><td></td><td></td></tr>
<tr><td>2</td><td></td><td></td><td></td><td></td><td></td><td></td><td></td><td></td><td></td><td></td><td></td><td></td><td></td><td></td><td></td><td></td><td></td></tr>
<tr><td>3</td><td></td><td></td><td></td><td></td><td></td><td></td><td></td><td></td><td></td><td></td><td></td><td></td><td></td><td></td><td></td><td></td><td></td></tr>
<tr><td>4</td><td></td><td></td><td></td><td></td><td></td><td></td><td></td><td></td><td></td><td></td><td></td><td></td><td></td><td></td><td></td><td></td><td></td></tr>
<tr><td>5</td><td></td><td></td><td></td><td></td><td></td><td></td><td></td><td></td><td></td><td></td><td></td><td></td><td></td><td></td><td></td><td></td><td></td></tr>
<tr><td>6</td><td></td><td></td><td></td><td></td><td></td><td></td><td></td><td></td><td></td><td></td><td></td><td></td><td></td><td></td><td></td><td></td><td></td></tr>
<tr><td>7</td><td></td><td></td><td></td><td></td><td></td><td></td><td></td><td></td><td></td><td></td><td></td><td></td><td></td><td></td><td></td><td></td><td></td></tr>
<tr><td>8</td><td></td><td></td><td></td><td></td><td></td><td></td><td></td><td></td><td></td><td></td><td></td><td></td><td></td><td></td><td></td><td></td><td></td></tr>
<tr><td>9</td><td></td><td></td><td></td><td></td><td></td><td></td><td></td><td></td><td></td><td></td><td></td><td></td><td></td><td></td><td></td><td></td><td></td></tr>
<tr><td>10</td><td></td><td></td><td></td><td></td><td></td><td></td><td></td><td></td><td></td><td></td><td></td><td></td><td></td><td></td><td></td><td></td><td></td></tr>
<tr><td colspan="3">滑丝断丝情况</td><td colspan="11"></td><td colspan="3">预制梁体弹性上拱(mm)</td><td></td></tr>
<tr><td colspan="3" rowspan="3">张拉操作人</td><td colspan="4">端别</td><td colspan="6">开油泵人</td><td colspan="5">测量人</td></tr>
<tr><td colspan="4">左端</td><td colspan="6"></td><td colspan="5"></td></tr>
<tr><td colspan="4">右端</td><td colspan="6"></td><td colspan="5"></td></tr>
<tr><td colspan="18">记录人：　　专职质量检查员：　　施工技术负责人：　　监理工程师：　　年　　月　　日</td></tr>
</table>

表 C5－1－5 预应力混凝土连续梁张拉记录

编号：

工程(标段)名称		施工单位		单位工程		里程	
桥名		梁型		部位		浇筑日期	
张拉日期		张拉时混凝土强度		张拉时混凝土弹性模量		钢束方向	
锚具、夹具厂家		锚具、夹具型号		试验情况		环境温度(℃)	

检验记录					
检验记录	左端(大里程端)	千斤顶编号：	校验日期：	油表编号：	校验日期：
	右端(小里程端)	千斤顶编号：	校验日期：	油表编号：	校验日期：

张拉顺序	钢束编号	锚下控制张拉力(kN)	项目	张拉阶段			理论伸长值 ΔL(mm)	实测伸长值 $\Delta L'$(mm)	伸长值差 $\Delta L''=\Delta L'-\Delta L$ (mm)	伸长率偏差 $\Delta=(\Delta L''/\Delta L)$ %	内缩量 (mm)
				初读数 20%	第一行程 40%	第二行程 100%					
			油表读数								
			伸长值								
			油表读数								
			伸长值								
			油表读数								
			伸长值								
			油表读数								
			伸长值								
			油表读数								
			伸长值								
			油表读数								
			伸长值								
滑丝断丝情况				开油泵人					测量人		

记录人： 专职质量检查员： 施工技术负责人： 监理工程师： 年 月 日

表 C5－1－6 预应力混凝土梁孔道压浆记录

编号：

<table>
<tr><td colspan="3">工程(标段)名称</td><td colspan="2"></td><td colspan="2">施工单位</td><td colspan="3"></td></tr>
<tr><td colspan="3">单位工程</td><td colspan="2"></td><td colspan="2">梁号及部位</td><td colspan="3"></td></tr>
<tr><td colspan="3">水泥厂家和牌号</td><td colspan="2"></td><td colspan="2">掺和料厂家和牌号</td><td colspan="3"></td></tr>
<tr><td colspan="3">外加剂厂家和类型</td><td colspan="2"></td><td colspan="2">膨胀剂厂家和类型</td><td colspan="3"></td></tr>
<tr><td colspan="3">压浆料(剂)厂家和牌号</td><td colspan="2"></td><td colspan="2">压浆料试验报告编号</td><td colspan="3"></td></tr>
<tr><td colspan="3">外露预应力筋切方式</td><td colspan="2"></td><td colspan="2">压浆日期</td><td colspan="3">年 月 日</td></tr>
<tr><td rowspan="4">序号</td><td rowspan="4">孔道编号</td><td colspan="5">第( )次压浆</td><td colspan="3">浆体性能</td></tr>
<tr><td rowspan="2">起止时间</td><td rowspan="2">进浆方向</td><td rowspan="2">进浆压力</td><td rowspan="2">持压压力</td><td rowspan="2">持压时间</td><td rowspan="2">凝结时间(h)</td><td>初凝</td><td></td></tr>
<tr><td>终凝</td><td></td></tr>
<tr><td>时 分 — 时 分</td><td></td><td>MPa</td><td>MPa</td><td>min</td><td rowspan="2">动度(s)</td><td>出机</td><td></td></tr>
<tr><td>1</td><td></td><td></td><td></td><td></td><td></td><td></td><td>30min</td><td></td></tr>
<tr><td>2</td><td></td><td></td><td></td><td></td><td></td><td></td><td colspan="2">24h 自由泌水率(%)</td><td></td></tr>
<tr><td>3</td><td></td><td></td><td></td><td></td><td></td><td></td><td colspan="2">3h 毛细泌水率(%)</td><td></td></tr>
<tr><td>4</td><td></td><td></td><td></td><td></td><td></td><td></td><td colspan="2">压力泌水率(%)</td><td></td></tr>
<tr><td>5</td><td></td><td></td><td></td><td></td><td></td><td></td><td colspan="2">24h 自由膨胀率(%)</td><td></td></tr>
<tr><td>6</td><td></td><td></td><td></td><td></td><td></td><td></td><td colspan="2">真空度(MPa)</td><td></td></tr>
<tr><td>7</td><td></td><td></td><td></td><td></td><td></td><td></td><td rowspan="5" colspan="3">压浆前检查：
(孔道冲洗、串孔堵孔、密实度)</td></tr>
<tr><td>8</td><td></td><td></td><td></td><td></td><td></td><td></td></tr>
<tr><td>9</td><td></td><td></td><td></td><td></td><td></td><td></td></tr>
<tr><td>10</td><td></td><td></td><td></td><td></td><td></td><td></td></tr>
<tr><td>11</td><td></td><td></td><td></td><td></td><td></td><td></td></tr>
<tr><td>12</td><td></td><td></td><td></td><td></td><td></td><td></td><td rowspan="5" colspan="3">试块留置情况及编号：
试验人：</td></tr>
<tr><td>13</td><td></td><td></td><td></td><td></td><td></td><td></td></tr>
<tr><td>14</td><td></td><td></td><td></td><td></td><td></td><td></td></tr>
<tr><td>15</td><td></td><td></td><td></td><td></td><td></td><td></td></tr>
<tr><td>16</td><td></td><td></td><td></td><td></td><td></td><td></td></tr>
<tr><td colspan="2">压浆
作业人</td><td colspan="8"></td></tr>
<tr><td colspan="2">其他情况</td><td colspan="8">记录人</td></tr>
<tr><td colspan="10">专职质量检查员： 施工技术负责人： 年 月 日</td></tr>
</table>

表C5—1—7 预应力混凝土梁封锚(端)记录

编号：

工程(标段)名称		施工单位	
单位工程		梁号及部位	
封锚(端)日期		天气情况	
施工配合比及编号			
水泥厂家及牌号			
掺和料厂家及牌号			
外加剂厂家及类型			
微膨胀剂厂家、类型及掺量			
防护材料厂家及类型			
封端混凝土设计强度等级			
锚具和外露预应力筋的防护情况			
锚穴内混凝土面凿毛处理情况			
外露预应力筋的保护层厚度(mm)			
封锚(端)钢筋绑扎及固定情况			
封锚(端)混凝土灌筑密实方法			
封锚(端)混凝土养护方式、时间			
封锚(端)防护情况			
封锚(端)混凝土试件留置情况及编号	试验人：		
封锚(端)作业人			
自检结论： 专职质量检查员：　施工技术负责人：　年　月　日			

表 C5-1-8　粉体喷射搅拌桩施工记录

编号：

工程(标段)名称					施工单位				单位工程				
里程及部位					布桩形式				施工日期				
设备名称及型号					设计桩径				水泥品种牌号				
桩号	起止时间		钻进速度	地面高程(m)	设计桩底高程(m)	施工桩底高程(m)	设计桩长(m)	施工桩长(m)	成桩直径(m)	喷射压力(MPa)	水泥用量(m^3)	持力层工作电流(A)	作业人
记录人：				专职质量检查员：				施工技术负责人：			年　月　日		

表 C5－1－9 浆体喷射搅拌桩施工记录

编号：

工程(标段)名称						施工单位				单位工程			
里程及部位						布桩形式				施工日期			
设备名称及型号						设计桩径				水泥浆施工配合比			
桩号	起止时间		钻进速度	地面高程（m）	设计桩底高程（m）	施工桩底高程（m）	设计桩长（m）	施工桩长（m）	成桩直径（m）	喷射压力（MPa）	水泥浆用量（m^3）	持力层工作电流（A）	作业人
记录人：			专职质量检查员：				施工技术负责人：				年 月 日		

表 C5—1—10　高压旋喷桩施工记录

编号：

工程(标段)名称						施工单位				单位工程				
里程及部位						布桩形式				施工日期				
设备名称及型号						设计桩径				水泥浆施工配合比				
桩号	起止时间		地面高程（m）	设计桩底高程（m）	施工桩底高程（m）	设计桩长（m）	施工桩长（m）	成桩直径（m）	旋转速度（r/s）	提升速度（m/s）	喷浆压力（MPa）	设计喷浆量（m^3）	实际喷浆量（m^3）	作业人
记录人：　　专职质量检查员：　　施工技术负责人：　　年　月　日														

表 C5－1－11　水泥粉煤灰碎石桩(CFG 桩)施工记录

编号：

工程(标段)名称						施工单位				单位工程		
里程及部位						布桩形式				施工日期		
设备名称及型号						设计桩径				水泥浆施工配合比		
桩号	设计地面高程（m）	设计桩长（m）	实测地面高程（m）	钻孔深度（m）	钻孔电流（A）	成孔起止时间	成孔作业人	成桩起止时间	成桩作业人	施工桩顶高程（m）	混和料灌注量（m^3）	地质情况简述
记录人：			专职质量检查员：				施工技术负责人：			年　月　日		

表 C5－1－12　强夯施工记录

编号：

工程(标段)名称		施工单位		单位工程	
里程及工点部位		设备型号		天气	
夯锤重量(t)		落距(m)		锤底面积(m^2)	

夯点编号 第 遍	施工 日期	夯击次数及下沉量																		总沉降量 (cm)	填料数 (m^3)	最后二击平均 下沉量(cm)	作业人
		1	2	3	4	5	6	7	8	9	10	11	12	13	14	15	16	17	18				

记录人：　　　　专职质量检查员：　　　　施工技术负责人：　　　　年　　月　　日

表 C5－1－13 隧道开挖断面及地质状况检查记录

编号：

<table>
<tr><td>工程(标段)名称</td><td></td><td>单位工程</td><td></td><td>施工单位</td><td></td></tr>
<tr><td>施工里程</td><td></td><td>距洞口距离</td><td></td><td>埋 深</td><td></td></tr>
<tr><td>地下水</td><td colspan="5">渗(涌)水量及部位：</td></tr>
<tr><td>围岩级别</td><td>实际施工</td><td></td><td>设 计</td><td colspan="2"></td></tr>
<tr><td rowspan="2">稳定性</td><td>洞 周</td><td colspan="4"></td></tr>
<tr><td>开挖断面</td><td colspan="4"></td></tr>
<tr><td>设计高程</td><td>拱 顶</td><td></td><td>隧 底</td><td colspan="2"></td></tr>
<tr><td>设计宽度</td><td>每 侧</td><td></td><td>全 宽</td><td colspan="2"></td></tr>
<tr><td colspan="6">实际开挖断面检查记录</td></tr>
</table>

<table>
<tr><td rowspan="2">部位</td><td rowspan="2">允许最大超挖值</td><td>实测超挖值</td><td rowspan="10">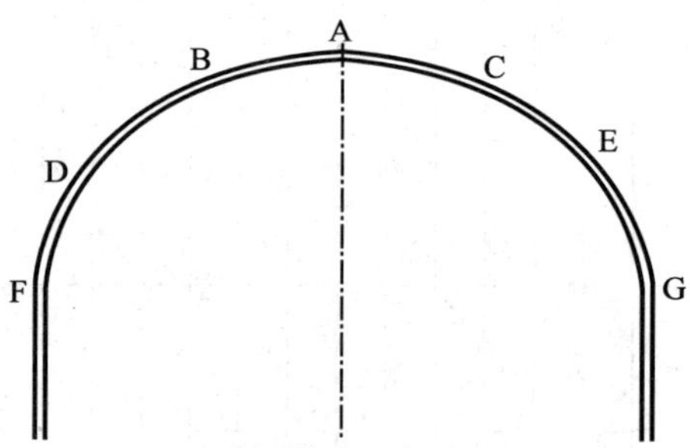断面轮廓示意图</td></tr>
<tr><td>DK ____＋____</td></tr>
<tr><td>A</td><td></td><td></td></tr>
<tr><td>B</td><td></td><td></td></tr>
<tr><td>C</td><td></td><td></td></tr>
<tr><td>D</td><td></td><td></td></tr>
<tr><td>E</td><td></td><td></td></tr>
<tr><td>F</td><td></td><td></td></tr>
<tr><td>G</td><td></td><td></td></tr>
<tr><td>隧底</td><td></td><td></td></tr>
</table>

地质素描图

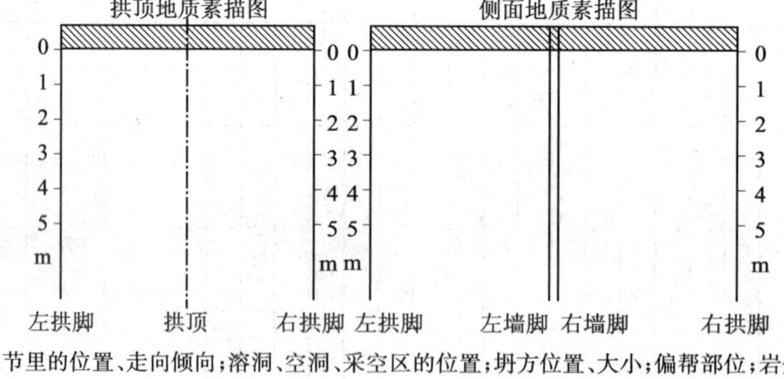

图形素描：断层、节里的位置、走向倾向；溶洞、空洞、采空区的位置；坍方位置、大小；偏帮部位；岩爆部位；渗水涌水的位置等

<table>
<tr><td colspan="3">作业人：</td></tr>
<tr><td>专职质量检查员：
年 月 日</td><td>施工技术负责人：
年 月 日</td><td>监理工程师：
年 月 日</td></tr>
</table>

表 C5－1－14　隧道喷锚支护施工记录

编号：

<table>
<tr><td colspan="2">工程(标段)名称</td><td colspan="2"></td><td>施工单位</td><td></td></tr>
<tr><td colspan="2">单位工程</td><td colspan="2"></td><td>工程部位</td><td></td></tr>
<tr><td colspan="2">围岩级别</td><td colspan="2"></td><td>施工里程</td><td></td></tr>
<tr><td rowspan="11">原材料、配合比</td><td>材料名称</td><td colspan="2">型号、产地</td><td colspan="2">试验报告编号和结论</td></tr>
<tr><td>砂</td><td colspan="2"></td><td colspan="2"></td></tr>
<tr><td>石</td><td colspan="2"></td><td colspan="2"></td></tr>
<tr><td>水泥</td><td colspan="2"></td><td colspan="2"></td></tr>
<tr><td>速凝剂</td><td colspan="2"></td><td colspan="2"></td></tr>
<tr><td>水</td><td colspan="2"></td><td colspan="2"></td></tr>
<tr><td>纤维</td><td colspan="2"></td><td colspan="2"></td></tr>
<tr><td>钢筋</td><td colspan="2"></td><td colspan="2"></td></tr>
<tr><td>锚杆</td><td colspan="2"></td><td colspan="2"></td></tr>
<tr><td>喷射混凝土配合比</td><td colspan="2">(水泥：砂：石)</td><td>锚杆注浆配合比</td><td>(水泥：砂)</td></tr>
<tr><td>速凝剂掺量</td><td colspan="2"></td><td>水灰比</td><td></td></tr>
<tr><td rowspan="3">施工时间</td><td>喷锚部位开挖(爆破)</td><td colspan="4">月　日　时</td></tr>
<tr><td>喷射混凝土施作</td><td colspan="4">月　日　时起至　月　日　时</td></tr>
<tr><td>锚杆施作</td><td colspan="4">月　日　时起至　月　日　时</td></tr>
<tr><td>喷层厚度与锚杆布置图</td><td colspan="5">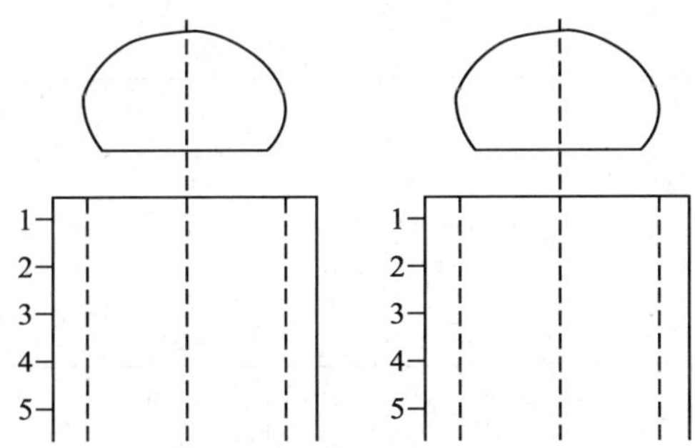
锚杆布置
喷层厚度　　　　　　　锚杆布置
喷层面积　m^2　　锚杆数量　　根　水泥用量　kg　　水泥用量　kg</td></tr>
<tr><td>其他</td><td colspan="5">包括围岩坍塌等事故的时间、地点、过程、原因分析；喷锚作业中发生机械故障，堵管等事故的次数、原因和排除方法；其他需要记录的事项</td></tr>
<tr><td colspan="6">作业人：</td></tr>
<tr><td colspan="6">专职质量检查员：　　　施工技术负责人：　　　监理工程师：
年　月　日　　　　年　月　日　　　　年　月　日</td></tr>
</table>

表 C5－1－15　线路锁定记录

编号：

<table>
<tr><td>工程(标段)名称</td><td colspan="2"></td><td>施工单位</td><td></td></tr>
<tr><td>单位工程</td><td colspan="2"></td><td>起讫里程</td><td></td></tr>
<tr><td>单元轨节编号</td><td colspan="2"></td><td>长度</td><td></td></tr>
<tr><td>放散方法</td><td colspan="2"></td><td>位移观测桩
位置及编号</td><td></td></tr>
<tr><td rowspan="2">铺设温度(℃)</td><td rowspan="2"></td><td rowspan="2">拉伸量(m)</td><td>计　算</td><td></td></tr>
<tr><td>实　际</td><td></td></tr>
<tr><td rowspan="3">锁定轨温(℃)</td><td>设计值</td><td></td><td colspan="2"></td></tr>
<tr><td rowspan="2">实测值</td><td>相邻单元轨节平均值</td><td colspan="2"></td></tr>
<tr><td>本单元轨节实测值</td><td></td><td></td></tr>
<tr><td>铺设后应力
放散及锁定情况</td><td colspan="4"></td></tr>
<tr><td>其他情况</td><td colspan="4"></td></tr>
<tr><td>自检结论</td><td colspan="4"></td></tr>
<tr><td colspan="5">作业人：</td></tr>
<tr><td colspan="3">专职质量检查员：

年　月　日</td><td colspan="2">施工技术负责人：

年　月　日</td></tr>
</table>

二、施工日志(C5－2)

施工日志是重要的施工技术履历档案，应按单位或单项工程建立，由工程(工点)施工负责人或技术负责人逐日连续填写。其主要内容包括：

(1)工程概况；

(2)施工期的气候、施工方法、劳动力布置、机械配置、施工操作、施工进度及工程地质变化情况；

(3)相关工作记录，如现场取样、检测、测量、施工交底等；

(4)工序检查验收情况及结论；

(5)每日使用的主要材料规格、数量及检测结果；

(6)施工中遇到的重大技术问题，变更设计、主要工程材料代用等所采取的主要措施和效果记录；

(7)施工中发生的工程质量事故和处理改进情况记录；

(8)停工原因(停工期间重要事件应记录)；

(9)各级管理人员检查的有关工程施工或质量要求，施工中发现的问题及相关指令，存在问题及整改情况；

(10)施工中采用的新工艺、新材料、新设备、新技术情况；

(11)其他与工程施工有关的情况；

(12)施工日志中提出问题的纠正和验证记录。

表 C5－2　施工日志式样

(工程项目名称)

施工日志

标段名称：____________________

工程名称：____________________

施工里程：____________________

施工单位：____________________

开工日期：　　　　　　　年　月　日

竣工日期：　　　　　　　年　月　日

(第　册共　册)

施工日志

第　页共　页

记　　录	备　注

记录人________

第七节 施工质量验收资料

一、物资设备质量验收资料(表 C6－1)

表 C6－1 进场材料/构配件/设备报验表

工程项目名称： 施工合同段： 编号：

致____________________(项目监理机构)：

下列原材料/构件/设备经自检符合技术规范要求，报请检验并准予在指定的部位使用。

附：1. 出厂质量保证书(产品合格证)；

2. 出厂检验报告；

3. 自检试验报告。

施工单位(章)：

项目负责人：

技术负责人：

日 期： 年 月 日

名 称						
规格及型号						
本批数量						
供货单位						
到达时间						
合格证						
来源或产地						
使用工点及部位						
自检情况	取样地点及日期					
	检查人及检查日期					
	检查结果					
使用日期						
监理检验意见						

审查结论：

专业监理工程师：

日 期： 年 月 日

注：物资设备包括工程用原材料、构配件、成品、半成品和设备等。其质量验收资料包括质量证明文件和进场验收记录。质量证明文件是指供货商提供的合格证、检验报告、试验报告、质量保证书、技术说明书等。从国外引进的新技术或成套设备，还应包括外方提供的设计文件和相关标准。属于行政许可或强制认证的，应有行政许可或强制认证证书。质量证明文件应反映工程物资设备的品种、规格、数量、性能指标等，并与实物相符。进场验收记录是指物资设备进场后，由施工单位和监理单位按规定方法和频次进行检查、试验，确定其质量是否合格的记录。

二、检验批施工质量验收资料(表 C6－2)

表 C6－2 ____________检验批质量验收记录

<table>
<tr><td colspan="3">单位工程名称</td><td colspan="3"></td></tr>
<tr><td colspan="3">分部工程名称</td><td colspan="3"></td></tr>
<tr><td colspan="3">分项工程名称</td><td></td><td>验收部位</td><td></td></tr>
<tr><td colspan="3">施工单位</td><td></td><td>项目负责人</td><td></td></tr>
<tr><td colspan="3">施工质量验收标准名称及编号</td><td colspan="3"></td></tr>
<tr><td colspan="3">施工质量验收标准的规定</td><td>施工单位检查评定记录</td><td colspan="2">监理单位验收记录</td></tr>
<tr><td rowspan="6">主控项目</td><td>1</td><td></td><td></td><td colspan="2"></td></tr>
<tr><td>2</td><td></td><td></td><td colspan="2"></td></tr>
<tr><td>3</td><td></td><td></td><td colspan="2"></td></tr>
<tr><td>4</td><td></td><td></td><td colspan="2"></td></tr>
<tr><td>5</td><td></td><td></td><td colspan="2"></td></tr>
<tr><td>6</td><td></td><td></td><td colspan="2"></td></tr>
<tr><td rowspan="5">一般项目</td><td>1</td><td></td><td></td><td colspan="2" rowspan="3"></td></tr>
<tr><td>2</td><td></td><td></td></tr>
<tr><td>3</td><td></td><td></td></tr>
<tr><td>4</td><td></td><td></td><td colspan="2" rowspan="2"></td></tr>
<tr><td>5</td><td></td><td></td></tr>
<tr><td colspan="3">勘察设计单位
现场确认情况
(需要时)</td><td colspan="3">现场负责人：　　　　年　月　日</td></tr>
<tr><td colspan="3">施工单位
检查评定结果</td><td colspan="3">专职质量检查员：　　　　年　月　日
分项工程技术负责人：　　　　年　月　日
分享工程负责人：　　　　年　月　日</td></tr>
<tr><td colspan="3">监理单位
验收结论</td><td colspan="3">监理工程师：　　　　年　月　日</td></tr>
</table>

三、分项工程施工质量验收资料(表 C6－3)

表 C6－3 ＿＿＿＿＿＿分项工程质量验收记录

<table>
<tr><td colspan="2">单位工程名称</td><td colspan="3"></td></tr>
<tr><td colspan="2">分部工程名称</td><td colspan="2"></td><td>检验批数</td><td></td></tr>
<tr><td colspan="2">施工单位</td><td colspan="2"></td><td>项目负责人</td><td></td></tr>
<tr><td>1</td><td>检验批部位</td><td colspan="2">施工单位检查评定结果</td><td colspan="2">监理单位验收结论</td></tr>
<tr><td>2</td><td></td><td colspan="2"></td><td colspan="2"></td></tr>
<tr><td>3</td><td></td><td colspan="2"></td><td colspan="2"></td></tr>
<tr><td>4</td><td></td><td colspan="2"></td><td colspan="2"></td></tr>
<tr><td>5</td><td></td><td colspan="2"></td><td colspan="2"></td></tr>
<tr><td>6</td><td></td><td colspan="2"></td><td colspan="2"></td></tr>
<tr><td>7</td><td></td><td colspan="2"></td><td colspan="2"></td></tr>
<tr><td>8</td><td></td><td colspan="2"></td><td colspan="2"></td></tr>
<tr><td>9</td><td></td><td colspan="2"></td><td colspan="2"></td></tr>
<tr><td>10</td><td></td><td colspan="2"></td><td colspan="2"></td></tr>
<tr><td></td><td></td><td colspan="2"></td><td colspan="2"></td></tr>
<tr><td colspan="6">说明：</td></tr>
<tr><td colspan="2">施工单位检查
评定结果</td><td colspan="4">分项工程技术负责人： 年 月 日</td></tr>
<tr><td colspan="2">监理单位
验收结论</td><td colspan="4">监理工程师： 年 月 日</td></tr>
</table>

四、分部工程施工质量验收资料(表 C6－4)

表 C6－4 ______分部工程质量验收记录

<table>
<tr><td>施工单位名称</td><td colspan="5"></td></tr>
<tr><td>施工单位</td><td colspan="5"></td></tr>
<tr><td>项目负责人</td><td></td><td>项目技术负责人</td><td></td><td>项目质量负责人</td><td></td></tr>
</table>

<table>
<tr><td>序号</td><td>分项工程名称</td><td>检验指数</td><td>施工打围检查评定结果</td><td>监理单位验收结论</td></tr>
<tr><td>1</td><td></td><td></td><td></td><td></td></tr>
<tr><td>2</td><td></td><td></td><td></td><td></td></tr>
<tr><td>3</td><td></td><td></td><td></td><td></td></tr>
<tr><td>4</td><td></td><td></td><td></td><td></td></tr>
<tr><td>5</td><td></td><td></td><td></td><td></td></tr>
<tr><td>6</td><td></td><td></td><td></td><td></td></tr>
<tr><td>7</td><td></td><td></td><td></td><td></td></tr>
<tr><td>8</td><td></td><td></td><td></td><td></td></tr>
<tr><td>9</td><td></td><td></td><td></td><td></td></tr>
<tr><td>10</td><td></td><td></td><td></td><td></td></tr>
<tr><td colspan="3">质量控制资料</td><td></td><td></td></tr>
<tr><td colspan="3">实体质量和主要功能检验(测试)报告</td><td></td><td></td></tr>
<tr><td rowspan="3">验收单位</td><td>施工单位</td><td colspan="3">项目负责人：　　　　年　月　日</td></tr>
<tr><td>勘探设计单位
(需要时)</td><td colspan="3">项目负责人：　　　　年　月　日</td></tr>
<tr><td>监理单位</td><td colspan="3">监理工程师：　　　　年　月　日</td></tr>
</table>

五、单位工程质量控制资料(表C6－5)

表C6－5　单位工程质量控制资料核查记录

<table>
<tr><td colspan="2">单位工程名称</td><td colspan="3"></td></tr>
<tr><td colspan="2">施工单位</td><td colspan="3"></td></tr>
<tr><td>序号</td><td>资料名称</td><td>份数</td><td>检查意见</td><td>核查人</td></tr>
<tr><td>1</td><td></td><td></td><td></td><td></td></tr>
<tr><td>2</td><td></td><td></td><td></td><td></td></tr>
<tr><td>3</td><td></td><td></td><td></td><td></td></tr>
<tr><td>4</td><td></td><td></td><td></td><td></td></tr>
<tr><td>5</td><td></td><td></td><td></td><td></td></tr>
<tr><td>6</td><td></td><td></td><td></td><td></td></tr>
<tr><td>7</td><td></td><td></td><td></td><td></td></tr>
<tr><td>8</td><td></td><td></td><td></td><td></td></tr>
<tr><td>9</td><td></td><td></td><td></td><td></td></tr>
<tr><td>10</td><td></td><td></td><td></td><td></td></tr>
<tr><td>11</td><td></td><td></td><td></td><td></td></tr>
<tr><td>12</td><td></td><td></td><td></td><td></td></tr>
<tr><td>13</td><td></td><td></td><td></td><td></td></tr>
<tr><td>14</td><td></td><td></td><td></td><td></td></tr>
<tr><td>15</td><td></td><td></td><td></td><td></td></tr>
<tr><td colspan="5">结论：

施工单位项目负责人：　　　　　　　　　　总监理工程师：

年　月　日　　　　　　　　　　年　月　日</td></tr>
</table>

六、单位工程实体质量和主要功能核查资料(表 C6－6)

表 C6－6 单位工程实体质量和主要功能核查记录

<table>
<tr><td colspan="2">单位工程名称</td><td colspan="3"></td></tr>
<tr><td colspan="2">施工单位</td><td colspan="3"></td></tr>
<tr><td>序号</td><td>资料名称</td><td>份数</td><td>检查意见</td><td>核查人</td></tr>
<tr><td>1</td><td></td><td></td><td></td><td></td></tr>
<tr><td>2</td><td></td><td></td><td></td><td></td></tr>
<tr><td>3</td><td></td><td></td><td></td><td></td></tr>
<tr><td>4</td><td></td><td></td><td></td><td></td></tr>
<tr><td>5</td><td></td><td></td><td></td><td></td></tr>
<tr><td>6</td><td></td><td></td><td></td><td></td></tr>
<tr><td>7</td><td></td><td></td><td></td><td></td></tr>
<tr><td>8</td><td></td><td></td><td></td><td></td></tr>
<tr><td>9</td><td></td><td></td><td></td><td></td></tr>
<tr><td>10</td><td></td><td></td><td></td><td></td></tr>
<tr><td>11</td><td></td><td></td><td></td><td></td></tr>
<tr><td>12</td><td></td><td></td><td></td><td></td></tr>
<tr><td colspan="5">结论：

施工单位项目负责人： 总监理工程师：
年 月 日 年 月 日</td></tr>
</table>

七、单位工程观感质量检查资料(表 C6－7)

表 C6－7　单位工程观感质量检查记录

<table>
<tr><td colspan="2">单位工程名称</td><td colspan="4"></td></tr>
<tr><td colspan="2">施工单位</td><td colspan="4"></td></tr>
<tr><td rowspan="2">序号</td><td rowspan="2">项目名称</td><td rowspan="2">质量状况</td><td colspan="2">质量评定</td></tr>
<tr><td>合格</td><td>差</td></tr>
<tr><td>1</td><td></td><td></td><td></td><td></td></tr>
<tr><td>2</td><td></td><td></td><td></td><td></td></tr>
<tr><td>3</td><td></td><td></td><td></td><td></td></tr>
<tr><td>4</td><td></td><td></td><td></td><td></td></tr>
<tr><td>5</td><td></td><td></td><td></td><td></td></tr>
<tr><td>6</td><td></td><td></td><td></td><td></td></tr>
<tr><td>7</td><td></td><td></td><td></td><td></td></tr>
<tr><td>8</td><td></td><td></td><td></td><td></td></tr>
<tr><td>9</td><td></td><td></td><td></td><td></td></tr>
<tr><td>10</td><td></td><td></td><td></td><td></td></tr>
<tr><td colspan="5">检查结论：

施工单位项目负责人：　　　　总监理工程师：　　　　建设单位项目负责人：
年　月　日　　　　年　月　日　　　　年　月　日</td></tr>
</table>

八、单位工程施工质量验收资料(表 C6－8)

表 C6—8 单位工程施工质量验收记录

<table>
<tr><td colspan="3">单位工程名称</td><td colspan="10"></td></tr>
<tr><td colspan="3">开工日期</td><td colspan="3"></td><td colspan="4">竣工日期</td><td colspan="3"></td></tr>
<tr><td colspan="3">施工单位</td><td colspan="10"></td></tr>
<tr><td colspan="3">项目负责人</td><td colspan="2"></td><td colspan="3">项目技术负责人</td><td></td><td colspan="3">项目质量负责人</td><td></td></tr>
<tr><td>序号</td><td colspan="5">项目</td><td colspan="6">验收记录</td><td>验收结论</td></tr>
<tr><td>1</td><td colspan="5">分部工程</td><td colspan="6">共　　分部
经查,符合标准规定及设计要求　　分部</td><td></td></tr>
<tr><td>2</td><td rowspan="3">综合质量验</td><td colspan="4">质量控制
资料核查</td><td colspan="6">共　　项
经查,符合要求　　项
不符合要求　　项</td><td></td></tr>
<tr><td>3</td><td colspan="4">实体质量和主要
功能核查</td><td colspan="6">共核查　　项
符合要求　　项
不符合要求　　项</td><td></td></tr>
<tr><td>4</td><td colspan="4">观感质量验收</td><td colspan="6">共检查　　项
评定为合格的　　项
评定为差的　　项</td><td></td></tr>
<tr><td rowspan="2">验收单位</td><td colspan="3">建设单位</td><td colspan="4">监理单位</td><td colspan="3">施工单位</td><td colspan="2">勘察设计单位</td></tr>
<tr><td colspan="3">(公章)
项目负责人:
年　月　日</td><td colspan="4">(公章)
总监理工程师:
年　月　日</td><td colspan="3">(公章)
项目负责人:
年　月　日</td><td colspan="2">(公章)
项目负责人:
年　月　日</td></tr>
</table>

第四章　工程监理资料

第一节　监理管理资料

一、监理规划、监理实施细则

监理规划及监理实施细则是指导监理工作的纲领性文件。监理规划是依据监理大纲和委托监理合同编制的，在指导项目监理部工作方面起到重要作用。监理规划是编制监理实施细则的重要依据。

1. 监理规划的编制

(1)监理规划的编制，应针对项目的实际情况，明确项目监理工作的目标，确定具体的监理工作制度、程序、方法和措施，并应具有可操作性。

(2)监理规划编制的程序与依据应符合下列规定。

1)监理规划应在签订委托监理合同及收到设计文件后开始编制，完成后必须经监理单位技术负责人审核批准，并应在召开第一次工地会议前报送建设单位。

2)监理规划应由总监理工程师主持、专业监理工程师参加编制。

3)编制的依据：

①建设工程的相关法律、法规及项目审批文件；

②与建设工程项目有关的标准、设计文件、技术资料；

③监理大纲、委托监理合同文件以及与建设工程项目相关的合同文件。

(3)监理规划应包括以下主要内容。

1)工程项目概况。

2)监理工作范围。

3)监理工作内容。

4)监理工作目标。

5)监理工作依据。

6)项目监理机构的组织形式。

7)项目监理机构的人员配备计划。

8)项目监理机构的人员岗位职责。

9)监理工作程序。

10)监理工作方法及措施。

11)监理工作制度。

12)监理设施。

(4)在监理工作实施过程中，如实际情况或条件发生重大变化而需要调整监理规划时，应由总监理工程师组织专业监理工程师研究修改，按原报审程序经过批准后报建设单位。

2. 监理实施细则的编制

(1)对中型及以上或专业性较强的工程项目，项目监理机构应编制监理实施细则。监理实施细则应符合监理规划的要求，并应结合工程项目的专业特点，做到详细具体、具有可操作性。

(2)监理实施细则的编制程序与依据应符合下列规定。

1)监理实施细则应在相应工程施工开始前编制完成,并必须经总监理工程师批准。

2)监理实施细则应由专业监理工程师编制。

3)编制监理实施细则的依据:

①已批准的监理规划;

②与专业工程相关的标准、设计文件和技术资料;

③施工组织设计。

(3)监理实施细则应包括下列主要内容。

1)专业工程的特点。

2)监理工作的流程。

3)监理工作的控制要点及目标值。

4)监理工作的方法及措施。

(4)在监理工作实施过程中,监理实施细则应根据实际情况进行补充、修改和完善。

二、监理月报

项目监理部每月以《监理月报》的形式向建设单位报告本月的监理工作情况,使建设单位了解工程的基本情况,同时掌握工程进度、质量、投资及施工合同的各项目标完成的监理控制情况。

监理月报的内容包括:工程概况、施工单位项目组织系统、工程进度、工程质量、工程计量与工程款支付、材料、构配件与设备情况、合同其他事项的处理情况、天气对施工影响的情况、项目监理部组成与工作统计、本月监理工作小结和下月监理工作重点。监理月报应由项目总监理工程师组织编制,签署后,报送建设单位和监理单位。

三、监理会议纪要

监理会议纪要应由项目监理部根据会议记录整理,经总监理工程师审阅,由与会各方代表会签。

四、监理工作日志

以项目监理部的监理工作为记载对象,从监理工作开始起至监理工作结束止,应由专人负责逐日记载。

五、监理工作总结

施工阶段监理工作结束后,监理单位应向建设单位提交项目监理工作总结。

监理工作总结的内容包括:工程概况、监理组织机构、监理人员和投入的监理设施、监理合同履行情况、监理工作成效、施工过程中出现的问题及其处理情况和建议、工程照片(必要时)等。监理工作总结应由总监理工程师主持编写并审批。

六、工程质量评估报告

工程竣工预验收合格后,由项目总监理工程师向建设单位提交《工程质量评估报告》。《工程质量评估报告》包括工程概况、施工单位基本情况、主要采取的施工方法、工程地基基础和主体结构的质量状况、施工中发生过的质量事故和主要质量问题、原因分析和处理结果,以及对工程质量的综合评估意见。评估报告应由项目总监理工程师及监理单位技术负责人签认,并加盖公章。

七、监理工作流程

监理管理工作流程见表 4—1。

表 4—1　监理管理工作流程

阶段	工作内容	项目管理机构	监理单位	备注
准备阶段	监理管理组织	明确监理管理部门		
	办法及制度	编制监理管理办法及制度	编制监理内部管理办法，建立相应的内部监理管理制度	监理内控管理办法和制度在中标后建立
	监理招投标	组织监理招标、选定监理单位	联合体投标的应签定联合体协议，并明确主办方	
	签订合同	签订监理委托合同，明确双方责权利及其他事项	签订监理委托合同	在施工合同中，明确对监理的授权
	监理规划	审批监理规划	依据监理大纲，编制监理规划	
实施阶段	监理细则	审查重要的分项、分部工程监理细则	根据批复的《监理规划》，编写《监理实施细则》，总监审批并组织实施	
	监理人员	检查监理人员的数量、专业、结构、资格、培训以及到位、到岗情况	严格履行合同（上场人员数量、专业、结构满足现场需要），未经项目管理机构批准，不得更换主要监理人员；确需更换时，拟更换人员的资格和能力应满足招标文件的要求	
	监理会议	组织召开监理第一次工地例会和监理工作会议，如有需要，参加总监组织的工地会议	总监组织召开工地例会会议	
	监理实验	检查监理的平行检验，平行检测，见证等	按监理合同，建立监理实验室，配备现场检验检测设备，仪器设备的数量和型号要满足现场工作需要，按规定做好平行检测等	
	监理资料	检查总监的巡视记录、监理机构及现场监理人员的资料管理	按规定填写各项记录和签证	
	监理信息	明确监理报表格式，及时处理监理向管理机构提交的报告	各类报表的数据真实可靠，文字阐述准确，签字盖章齐全，报告事项清晰	
	信用评价	组织对监理单位进行信用评价	对照评价办法，完善监理管理和现场监控，配合做好监理信用评价工作	
	监理考评	对监理的服务质量及廉政建设进行考评考核，据此对监理计价，对违纪、违规、失职的监理人员按规定给予黄牌警告直至红牌清退出场	总监应定期向项目管理机构书面报告监理工作情况；对监理人员实施管理，现场监控，接受考评，不断改进	
移交及保修	监理资料移交	检查，接受资料并归档	工程验收前提交工程质量评估报告，项目验收后提交监理总结报告；整理内业资料并移交	
	保修	依据质量缺陷、保修项目、范围内容和责任划分，确定工程保修	保修监理，并按质量缺陷责任的界定与划分，承担相应的经济赔偿	

说明：监理是指施工阶段监理，不包括咨询、地勘监理。

第二节　施工监理资料

一、监理工程师通知单(表 D2－1)

表 D2－1　监理工程师通知单

工程项目名称：　　　　　　　　施工合同段：　　　　　　　　编号：

致＿＿＿＿＿＿＿＿＿＿(施工单位)： 事由： 通知内容： 监理工程师： 年　月　日　时
收件人： 年　月　日　时

注：(1)监理工程师通知单是项目监理机构按委托监理合同授权，监理工程师向施工单位签发的指令性文件。

(2)本表一式 4 份，承包单位 2 份，监理单位、建设单位各 1 份。

(3)对未经监理工程师验收或验收不合格的材料、构配件和设备，监理工程师应拒绝签认，并应签发监理工程师通知单，通知承包单位严禁在工程中使用或安装，并限期将不合格的工程材料、构配件、设备撤出现场。

二、监理工程师回复单(表 D2－2)

表 D2－2　监理工程师通知回复单

工程项目名称：　　　　　　　　　　施工合同段：　　　　　　　　　　编号：

<table>
<tr><td>致______________(项目监理机构)：
　　我方接到编号______________的监理工程师通知单后，已按要求完成了______________工作，请予以复查。

内容：

施工单位(章)：
负责人：
日　期：　年　月　日</td></tr>
<tr><td>复查意见：

监理工程师：
日　期：　年　月　日</td></tr>
</table>

注：(1)施工单位根据监理工程师通知单要求进行整改后提交的回复文件。

(2)本表一式 4 份，承包单位 2 份，监理单位、建设单位各 1 份。

三、工程停(复)工令(表 D2－3－1 和表 D2－3－2)

表 D2－3－1　工程暂停令

工程项目名称：　　　　　　　　施工合同段：　　　　　　　　编号：

<table>
<tr><td>致________________(施工单位)：
　　由于________________________的原因，现通知你方必须于______年___月___日___时起对________________________(工程项目名称及里程)工程暂停施工。</td></tr>
<tr><td>停工内容：

停工原因：

整改要求：</td></tr>
<tr><td>项目监理机构(章)：
总监理工程师：
年　月　日　时</td></tr>
<tr><td>收件人：
年　月　日　时</td></tr>
</table>

注：本表一式 4 份，承包单位 2 份，监理单位、建设单位各 1 份。

表 D2－3－2 工程复工令

工程项目名称： 施工合同段： 编号：

<table>
<tr><td>致＿＿＿＿＿＿＿＿＿＿＿＿＿＿＿＿＿＿＿＿(施工单位)：
鉴于＿＿＿＿＿＿＿＿＿＿工程暂停令所述工程暂停的原因已经消除，现通知你方于＿＿＿＿年＿＿月＿＿日＿＿时起可对＿＿＿＿＿＿＿＿＿＿＿＿＿＿＿＿＿＿＿＿工程恢复施工。

项目监理机构(章)：
总监理工程师：
年 月 日 时</td></tr>
<tr><td>收件人：
年 月 日 时</td></tr>
</table>

注：本表一式 4 份，承包单位 2 份，监理单位、建设单位各 1 份。

四、旁站监理记录(表 D2－4)

表 D2－4　旁站监理记录表

工程项目名称：　　　　施工合同段：　　　　编号：

<table>
<tr><td>日期</td><td></td><td>气候</td><td></td><td>工程地点</td><td></td></tr>
<tr><td colspan="2">旁站监理部位或工序</td><td colspan="4"></td></tr>
<tr><td colspan="2">旁站监理开始时间</td><td colspan="2"></td><td>旁站监理结束时间</td><td></td></tr>
<tr><td colspan="6">施工情况：</td></tr>
<tr><td colspan="6">监理情况：</td></tr>
<tr><td colspan="6">发现问题：</td></tr>
<tr><td colspan="6">处理意见：</td></tr>
<tr><td colspan="6">备注：</td></tr>
<tr><td colspan="6">旁站监理人员：
日　期：　年　月　日</td></tr>
</table>

注：本表一式 3 份，承包单位 2 份，监理单位 1 份。

五、工程延期报告及审批资料(表 D2－7)

表 D2－7　工程延期报审表

工程项目名称：　　　　　　　　　　施工合同段：　　　　　　　　　　编号：

致＿＿＿＿＿＿＿＿(项目监理机构)： 根据合同＿＿＿＿＿＿＿＿＿＿＿＿条的规定，由于＿＿＿＿＿＿＿＿＿＿＿＿原因，我方申请工程延期，请予以审查批准。 附件：1. 工程延期的依据及工期计算 合同竣工日期： 申请延长竣工日期： 2. 证明资料 施工单位(章)： 项目负责人： 日　期：　　年　月　日
项目监理机构意见： 项目监理机构(章)： 总监理工程师： 日　期：　　年　月　日
建设单位审批意见： 建设单位(章)： 负责人： 日　期：　　年　月　日

注：本表一式 4 份，承包单位 2 份，监理单位、建设单位各 1 份。

六、索赔申请报告及审批资料(表 D2－8－1、表 D2－8－2)

表 D2－8－1　索赔申请表

工程项目名称：　　　　施工合同段：　　　　编号：

<table>
<tr><td>致＿＿＿＿＿＿＿＿＿＿(项目监理机构)：
根据＿＿＿＿＿＿＿＿＿＿＿＿＿＿＿＿合同第＿＿＿条规定，由于＿＿＿＿＿＿＿＿
＿＿＿＿＿＿＿＿＿＿原因，我方要求索赔金额(大写)＿＿＿＿＿＿＿＿＿＿，请予以审查批准。
索赔的详细理由：

索赔金额计算：

附：证明材料

索赔单位(章)：
负责人：
日　期：　　年　月　日</td></tr>
<tr><td>项目监理机构意见：

项目监理机构(章)：
总监理工程师：
日　期：　　年　月　日</td></tr>
</table>

注：本表一式 4 份，承包单位 2 份，监理单位、建设单位各 1 份。

表 D2－8－2　索赔审批表

工程项目名称：　　　　　　　　　　施工合同段：　　　　　　　　　　编号：

<table>
<tr><td>致＿＿＿＿＿＿＿＿＿＿（施工单位）：
根据施工合同条款＿＿＿＿＿＿＿＿＿＿＿＿＿＿＿＿＿＿＿＿的规定，你方提出的＿＿＿＿＿＿＿＿费用索赔申请（编号＿＿＿＿＿＿），索赔（大写）＿＿＿＿＿＿＿＿，经我方审核：
□不同意索赔。
□同意索赔，金额为（大写）＿＿＿＿＿＿＿＿＿＿＿＿＿＿。
同意/不同意索赔的理由：

项目监理机构（章）：
总监理工程师：
日　期：　　年　月　日</td></tr>
<tr><td>建设单位意见：

建设单位（章）：
负责人：
日　期：　　年　月　日</td></tr>
</table>

注：本表一式 4 份，承包单位 2 份，监理单位、建设单位各 1 份。

七、工程报验申请表(表 D1－2－1)

表 D1－2－1　工程报验申请表

工程项目名称：　　　　　　　　施工合同段：　　　　　　　　编号：

<table>
<tr><td>致________________(项目监理机构)：
根据施工承包合同和设计文件的要求，我单位已完成________________工程并自检合格，报请检查。
附件：自检资料。

承包单位(章)________________
质量检查工程师(签字)________________
日　期________________</td></tr>
<tr><td>监理工程师意见：

项目监理机构________________
总/专业监理工程师(签字)________________
日　期________________</td></tr>
</table>

注：本表一式 3 份，承包单位 2 份，监理单位 1 份。

八、工程质量事故报告单(表 D1－2－2)

表 D1－2－2 工程质量事故报告单

工程项目名称： 施工合同段： 编号：

<table>
<tr><td>致________________(项目监理机构)：
______年____月____日____时,在______________________发生工程质量事故,报告如下：
1. 事故经过及原因需要说明(详见附件)：

2. 事故性质：
3. 预计造成损失：
4. 应急措施：
5. 初步处理意见：
待进行现场调查后,另作详细报告。

承包单位(章)____________
负 责 人____________ 年 月 日 时</td></tr>
<tr><td>

收 件 人____________ 年 月 日 时</td></tr>
</table>

注:本表一式 4 份,承包单位 2 份,监理单位、建设单位各 1 份。

九、工程数量报审表(表 D1－2－3)

表 D1－2－3 ××××年×季度(月)已完工程数量报审表

承包单位(章)： 工程项目名称： 施工合同段： 编号：

序号	项目名称	工程数量																		
		区间土方（万m^3）	区间石方（万m^3）	站场土方（万m^3）	站场石方（万m^3）	路基圬工（万m^3）	特大桥(延长米)	大中桥(延长米)	小桥(延长米)	涵渠(延长米)	隧道(延长米)	桥梁架设(孔)	正线铺轨(km)	站线铺轨(km)	铺碴(m^3)	房屋建筑(m^2)	信号(站/km)	通信(km)	电力(km)	电气化(km)

填表人： 复核人： 专业监理工程师： 年 月 日

承包单位负责人： 年 月 日

注：本表一式 4 份，承包单位 2 份，建设单位、监理单位各 1 份。

十、验工计价表(表 D1－2－4)

表 D1－2－4 ××××年×季度(月)验工计价表

工程项目名称： 施工合同段： 单位：万元 编号：

序号	项目名称	合同价值			本季验工计价			本年验工计价			开工累计计价			剩余		
		合同内部分	合同外部分	合计	合同内部分	合同外部分	合计	合同内部分	合同外部分	合计	合同内部分	合同外部分	合计	合同内部分	合同外部分	合计

编制人________ 承包单位(章)________________ 项目监理机构(章)________________________

复核人________ 负责人________________ 专业监理工程师____________日 期________

日 期________________ 总监理工程师____________日 期________

注：本表一式 4 份，承包单位 2 份，建设单位、监理单位各 1 份。

十一、工程质量问题通知单(表 D1－2－5)

表 D1－2－5　工程质量问题通知单

工程项目名称：　　　　　　施工合同段：　　　　　　编号：

<table>
<tr><td>工程名称</td><td></td><td>检查时间</td><td></td></tr>
<tr><td>工程地点</td><td colspan="3"></td></tr>
<tr><td>存在问题</td><td colspan="3"></td></tr>
<tr><td colspan="4">整改意见：

专业监理工程师________　日　期________
总监理工程师________　日　期________</td></tr>
<tr><td colspan="4">收件人________日　期________时　间________</td></tr>
<tr><td colspan="4">承包单位处理结果：

负责人________　日　期________</td></tr>
</table>

注：本表一式 4 份，承包单位 2 份，建设单位、监理单位各 1 份。

十二、监理工作联系单(表 D1－2－6)

表 D1－2－6　监理工作联系单

工程项目名称：　　　　施工合同段：　　　　编号：

致： 事由：   内容：   单位(章)________ 负 责 人________ 日　期________

注:本表一式 2 份,联系单位各 1 份。

十三、工程变更单(表 D1－2－7)

表 D1－2－7 工程变更单

工程项目名称： 编号：

<table>
<tr><td>致________________(项目监理机构)：
由于________________________________原因，兹提出________________________________工程变更(内容见附件)，请予以审批。
附件：

提议单位(章)__________
负 责 人__________
日 期__________</td></tr>
<tr><td>设计单位意见：

设计单位(章)__________
负 责 人__________
日 期__________</td></tr>
<tr><td>承包单位意见：

承包单位(章)__________
负 责 人__________
日 期__________</td></tr>
<tr><td>监理单位意见：

项目监理机构(章)__________
负 责 人__________
日 期__________</td></tr>
<tr><td>建设单位意见：

建设单位(章)__________
负 责 人__________
日 期__________</td></tr>
</table>

注：本表一式 5 份，承包单位 2 份，建设单位、监理单位、设计单位各 1 份。

十四、工程延期报审表(表 D1－2－8)

表 D1－2－8　工程延期报审表

工程项目名称：　　　　　　施工合同段：　　　　　　编号：

<table>
<tr><td>
致________________(项目监理机构)：
根据合同条款______________条的规定，由于______________________________
______________________________原因，我方申请工程延期，请予以审查批准。
附件：1. 工程延期的依据及工期计算
合同竣工日期：
申请延长竣工日期：
2. 证明资料

承包单位(章)：__________
负 责 人：__________
日　　期：__________
</td></tr>
<tr><td>
总监理工程师意见：

总监理工程师：__________
日　　期：__________
</td></tr>
</table>

注：本表一式 4 份，承包单位 2 份，建设单位、监理单位各 1 份。

十五、工程竣工初验报审表(表 D1－2－9)

表 D1－2－9　工程竣工初验报审表

工程项目名称：　　　　施工合同段：　　　　编号：

<table>
<tr><td>
致________________(项目监理机构)：
我方已按合同要求完成______________________________工程，经自检合格，请予以检查。
附件：

承包单位(章)：____________
项目经理：____________
日　　期：____________
</td></tr>
<tr><td>
审查意见：
经检查验收，该工程
1. 符合/不符合设计文件要求；
2. 符合/不符合我国现行工程建设验收标准；
3. 符合/不符合合同文件要求。
综上所述，该工程初步验收合格/不合格，可以/不可以组织正式验收。

项目监理机构(章)：____________
总监理工程师：____________
日　　期：____________
</td></tr>
</table>

注：本表一式 4 份，承包单位 2 份，建设单位、监理单位各 1 份。

十六、会议签到单(表 D1－2－10)

表 D1－2－10　会计签到表

工程项目名称：　　　　　　　　　　　　　　　　编号：

<table>
<tr><td>时　间</td><td></td><td>地　点</td><td></td><td>主持人</td><td></td></tr>
<tr><td>议　题</td><td colspan="5"></td></tr>
<tr><td>单　位</td><td>姓　名</td><td colspan="2">单　位　名　称</td><td>职　务</td><td>联系电话</td></tr>
<tr><td rowspan="5">建设单位</td><td></td><td colspan="2"></td><td></td><td></td></tr>
<tr><td></td><td colspan="2"></td><td></td><td></td></tr>
<tr><td></td><td colspan="2"></td><td></td><td></td></tr>
<tr><td></td><td colspan="2"></td><td></td><td></td></tr>
<tr><td></td><td colspan="2"></td><td></td><td></td></tr>
<tr><td rowspan="5">项目监理机构</td><td></td><td colspan="2"></td><td></td><td></td></tr>
<tr><td></td><td colspan="2"></td><td></td><td></td></tr>
<tr><td></td><td colspan="2"></td><td></td><td></td></tr>
<tr><td></td><td colspan="2"></td><td></td><td></td></tr>
<tr><td></td><td colspan="2"></td><td></td><td></td></tr>
<tr><td rowspan="5">设计单位</td><td></td><td colspan="2"></td><td></td><td></td></tr>
<tr><td></td><td colspan="2"></td><td></td><td></td></tr>
<tr><td></td><td colspan="2"></td><td></td><td></td></tr>
<tr><td></td><td colspan="2"></td><td></td><td></td></tr>
<tr><td></td><td colspan="2"></td><td></td><td></td></tr>
<tr><td rowspan="5">承包单位</td><td></td><td colspan="2"></td><td></td><td></td></tr>
<tr><td></td><td colspan="2"></td><td></td><td></td></tr>
<tr><td></td><td colspan="2"></td><td></td><td></td></tr>
<tr><td></td><td colspan="2"></td><td></td><td></td></tr>
<tr><td></td><td colspan="2"></td><td></td><td></td></tr>
</table>

注：本表一式 5 份，承包单位 2 份，建设单位、监理单位、设计单位各 1 份。

第五章 工程竣工验收资料

第一节 竣工验收概述

一、竣工验收基础资料

(1)竣工图

竣工图是建设项目完工后的主要凭证性材料,也是维修、养护、改造、管理的依据。建设单位应组织施工、设计或监理单位按有关规定绘制和审核。

(2)竣工表、册

竣工表、册是针对建设项目各类工程、设备、设施、系统的技术条件、工程数量、投资等,按有关规定编制的汇总表、对照表和清册等。

(3)国有土地使用证

建设单位向国土管理部门申领铁路用地国有土地使用证。

(4)水土保持、环境保护设施验收资料

水土保持、环境保护设施的施工质量验收或竣工试运行验收资料,以及行政主管部门的验收批复。

(5)劳动、安全、卫生、消防设施验收资料

劳动、安全、卫生、消防设施的施工质量验收或竣工试运行验收资料,以及相关部门的合格验收意见。

(6)竣工决算资料

竣工决算资料包括建设单位按有关规定编制的竣工决算及审计结论等资料。

二、竣工验收工作流程

(1)普通铁路验收管理工作流程见表5—1。

(2)客运专线铁路验收工作流程见表5—2。

三、验收交接办法

1. 一般规则

(1)为加强铁路建设项目管理,做好铁路建设项目的竣工验收交接工作,全面考核建设工作成果,根据国家有关规定,制定验收交接办法。

(2)验收交接办法所称竣工验收交接,是指铁路建设项目按批准的设计文件内容建成,由验收机构对其进行综合评价考核,移交接管使用单位的整个过程。

(3)验收交接办法适用于新建、改建国家铁路和国家参与的合资铁路。铁路客运专线竣工验收执行客运专线验收办法。

地方铁路、专用铁路和铁路专用线等参照验收交接办法执行。

(4)铁路建设项目按照本办法组织竣工验收后,方可正式移交接管使用单位运营。未经验收或验收不合格的建设项目一律不得交付,接管使用单位不得接管使用。

表5—1 普通铁路验收管理工作流程

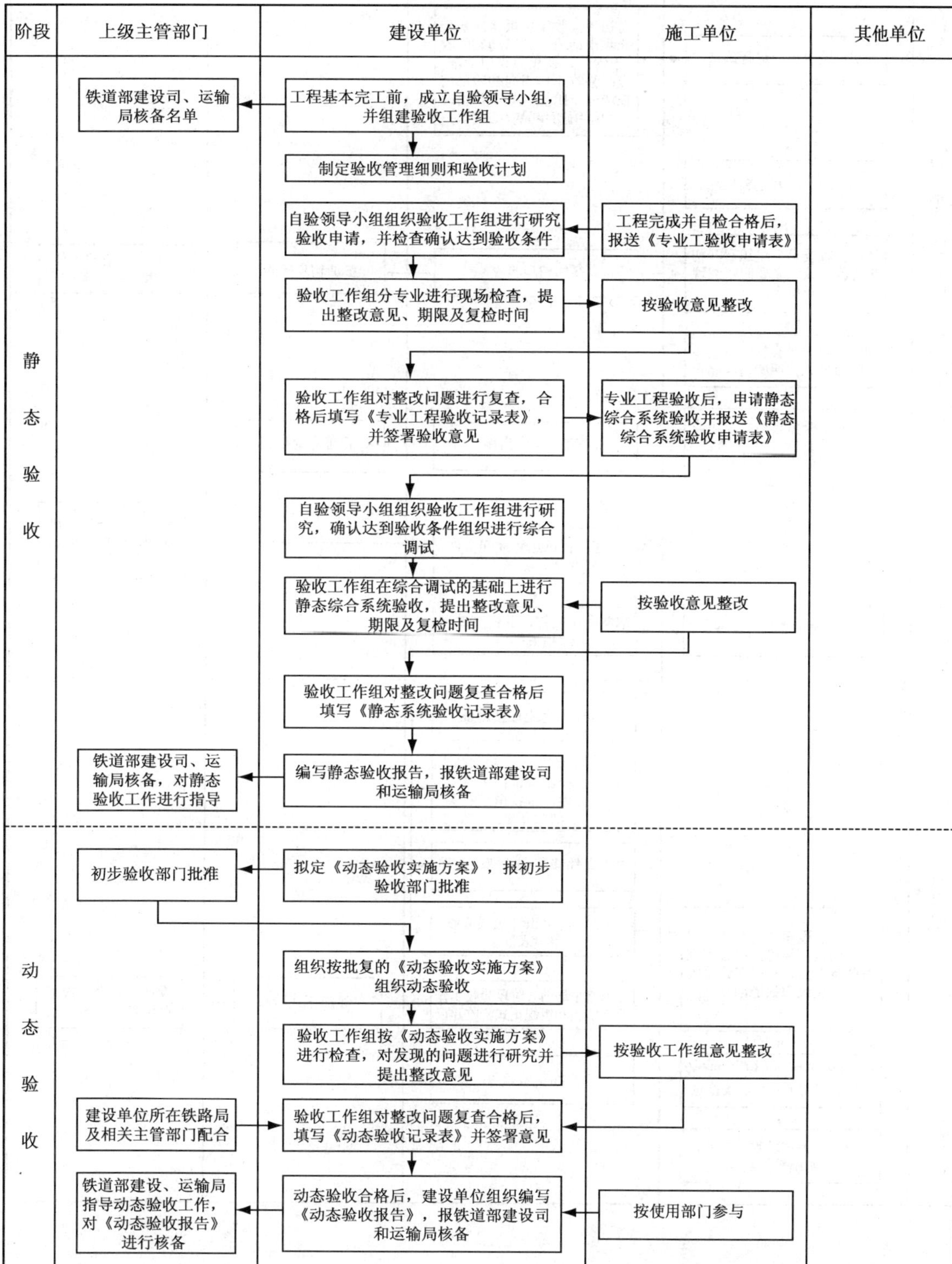

续上表

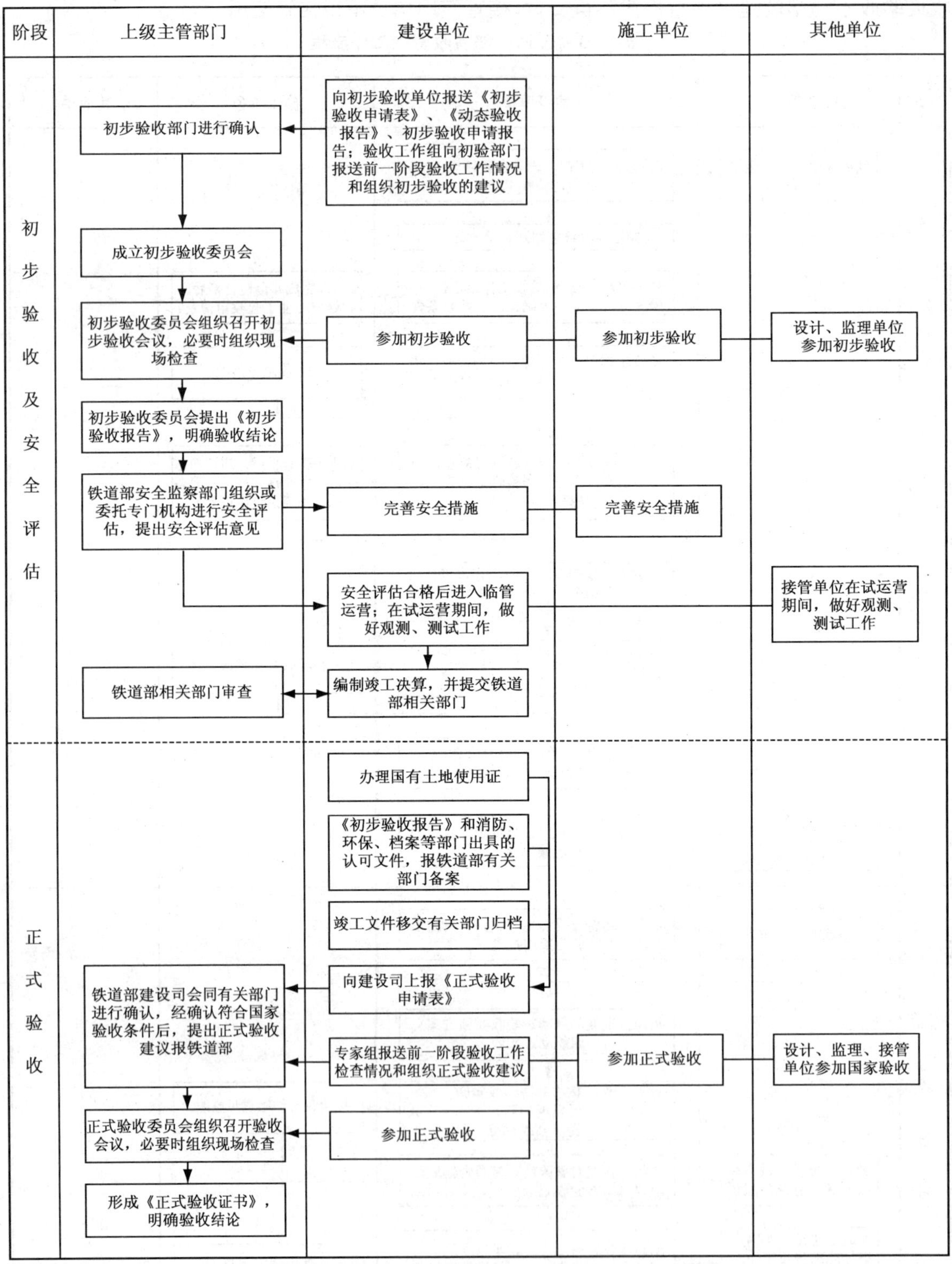
阶段
上级主管部门
建设单位
施工单位
其他单位
初步验收及安全评估
向初步验收单位报送《初步验收申请表》、《动态验收报告》、初步验收申请报告；验收工作组向初验部门报送前一阶段验收工作情况和组织初步验收的建议
初步验收部门进行确认
成立初步验收委员会
初步验收委员会组织召开初步验收会议，必要时组织现场检查
参加初步验收
参加初步验收
设计、监理单位参加初步验收
初步验收委员会提出《初步验收报告》，明确验收结论
铁道部安全监察部门组织或委托专门机构进行安全评估，提出安全评估意见
完善安全措施
完善安全措施
安全评估合格后进入临管运营；在试运营期间，做好观测、测试工作
接管单位在试运营期间，做好观测、测试工作
铁道部相关部门审查
编制竣工决算，并提交铁道部相关部门
正式验收
办理国有土地使用证
《初步验收报告》和消防、环保、档案等部门出具的认可文件，报铁道部有关部门备案
竣工文件移交有关部门归档
向建设司上报《正式验收申请表》
铁道部建设司会同有关部门进行确认，经确认符合国家验收条件后，提出正式验收建议报铁道部
专家组报送前一阶段验收工作检查情况和组织正式验收建议
参加正式验收
设计、监理、接管单位参加国家验收
正式验收委员会组织召开验收会议，必要时组织现场检查
参加正式验收
形成《正式验收证书》，明确验收结论

表 5—2　客运专线铁路验收工作流程

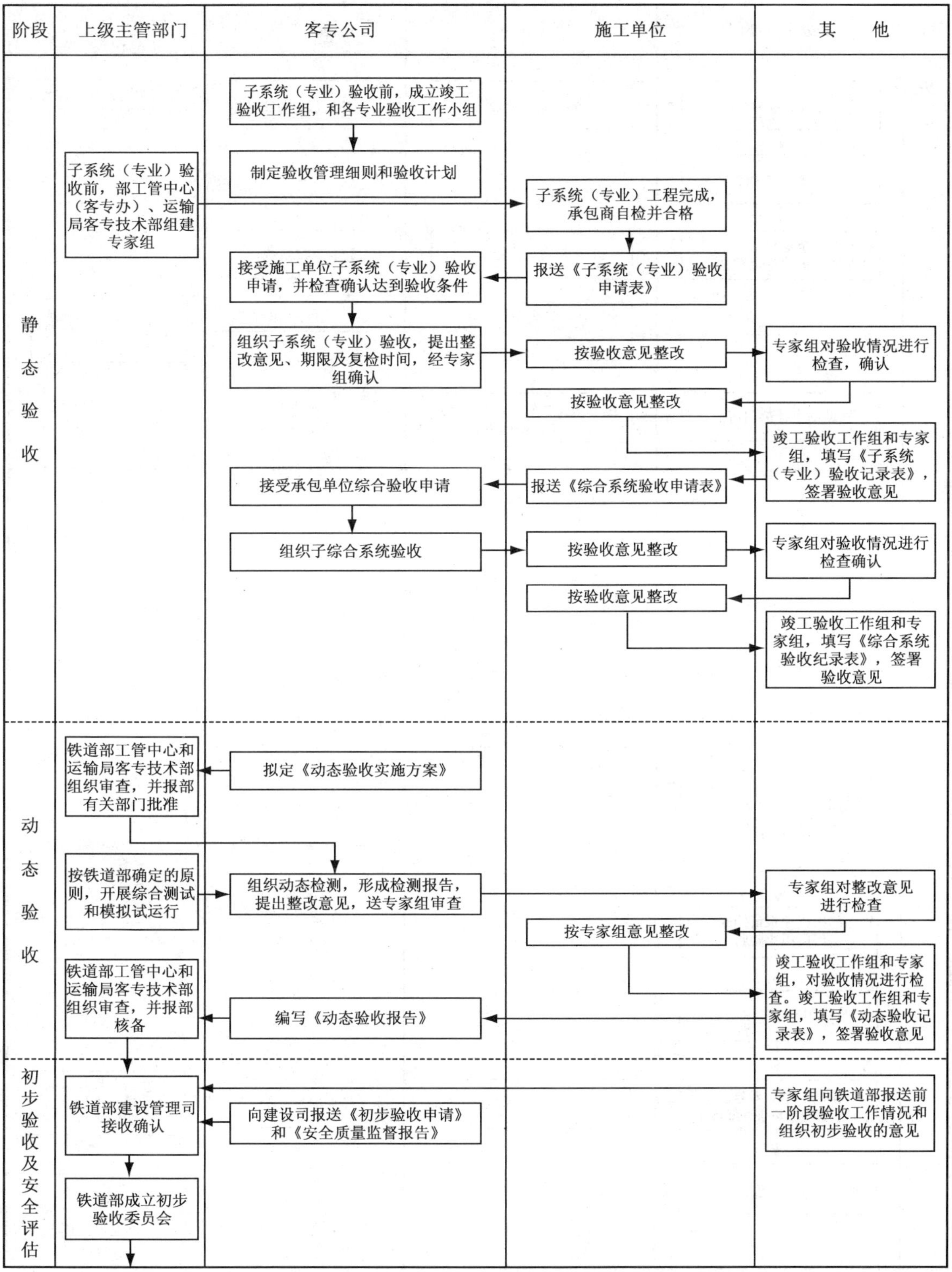

续上表

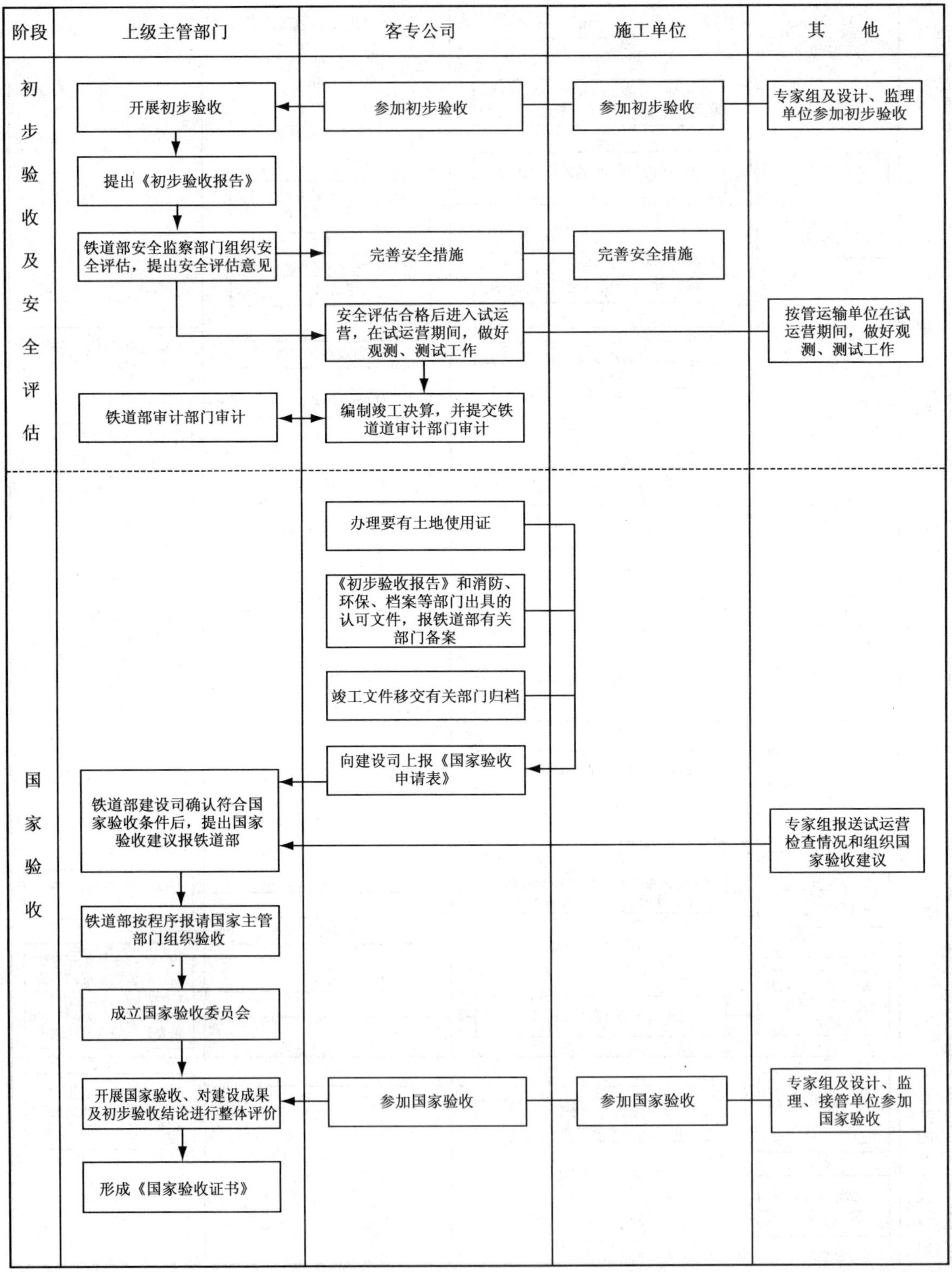
阶段
上级主管部门
客专公司
施工单位
其 他
初步验收及安全评估
开展初步验收
参加初步验收
参加初步验收
专家组及设计、监理单位参加初步验收
提出《初步验收报告》
铁道部安全监察部门组织安全评估，提出安全评估意见
完善安全措施
完善安全措施
安全评估合格后进入试运营，在试运营期间，做好观测、测试工作
按管运输单位在试运营期间，做好观测、测试工作
铁道部审计部门审计
编制竣工决算，并提交铁道道审计部门审计
国家验收
办理要有土地使用证
《初步验收报告》和消防、环保、档案等部门出具的认可文件，报铁道部有关部门备案
竣工文件移交有关部门归档
向建设司上报《国家验收申请表》
铁道部建设司确认符合国家验收条件后，提出国家验收建议报铁道部
专家组报送试运营检查情况和组织国家验收建议
铁道部按程序报请国家主管部门组织验收
成立国家验收委员会
开展国家验收、对建设成果及初步验收结论进行整体评价
参加国家验收
参加国家验收
专家组及设计、监理、接管单位参加国家验收
形成《国家验收证书》

(5)达到竣工验收条件的建设项目应及时进行验收;验收合格的建设项目,接管使用单位应及时接管并办理有关手续。

2. 竣工验收依据和条件

(1)铁路大中型建设项目竣工验收分为静态验收、动态验收、初步验收、安全评估和正式验收等五个阶段。改建项目、简单建设项目和小型建设项目可适当合并简化验收阶段。

建设项目一般按整个项目进行验收。在确保运输安全的前提下,经批准后可分期、分段,并按批准的阶段组织验收,工程全部完工后,再办理整个项目的验收。

(2)竣工验收的依据:

1)国家有关法律、法规以及国家颁布的建设标准;

2)国家和铁道部颁布的设计规范、工程施工质量验收标准;

3)经批准的项目建议书、可行性研究报告;

4)经批准的初步设计文件(含批准的修改初步设计);

5)审核合格的施工图(包括经批准的变更设计文件);

6)设备技术说明书(从国外引进新技术或成套设备的,还应包括外方提供的设计文件和新技术或成套设备的国家标准等);

7)经铁道部批准的相关补充标准、技术条件、暂行规范等,以及建设单位补充且经铁道部认可的相关技术标准等。

(3)验收条件

1)静态验收应具备的条件:

①主体工程及其配套工程(包括外部配套工程及设备安装)已按设计文件建成;

②环境保护设施、水土保持设施与主体工程同步建成;

③劳动、安全、卫生及消防设施与主体工程同步建成;

④承包人按有关规范、标准对工程质量和系统功能自检合格;

⑤监理单位及咨询单位对工程质量评定合格;

⑥除领取"国有土地使用证"外的其他征地工作基本完成;

⑦竣工文件编制已按规定的内容和标准基本完成。

2)动态验收应具备的条件:

①静态验收合格;

②"动态验收实施方案"已经批准;

③动态检测准备工作完成。

3)初步验收应具备的条件:

①静态验收、动态验收合格,工程质量和系统功能满足有关标准要求;

②静态验收及动态验收遗留问题整改完毕;

③环境保护设施、水土保持设施、土地复垦工作经相关主管部门检查合格;

④劳动、安全、卫生及消防设施经相关部门检查合格;

⑤通过试运行,达到临管运营的条件;

⑥申请领取"国有土地使用证"的准备工作基本完成;

⑦竣工文件按规定编制完成,施工过程中的管理文件和招标投标文件等整理完毕,达到档案验收标准。

4)安全评估应具备的条件:

①初步验收中存在的影响运营安全的问题全部得到解决；

②临管运营的各项准备工作已经完成。

5)正式验收应具备的条件：

①初步验收一年后；

②临管运营情况良好，经检测各项指标已达到建设目标；

③《国有土地使用证》、《无线电台站执照》已经全部领取；

④环境保护设施、水土保持设施、建设项目档案经相应行政主管部门验收合格；

⑤竣工财务决算已经编制完成，并通过审查；

⑥建设资金已按工程进度全部到位，收尾配套工程已全部完成，除质量保证金外与建设工程各方按合同完成资金结算，结余资金已全额上交。

3.竣工验收的主要任务

(1)竣工验收的主要任务：

1)对项目建设执行国家法律、法规和铁道部规章情况进行检查；

2)对项目的建设规模、建设标准、建设内容、工程质量、资金使用等情况进行全面检查。

3)对建设项目形成的资产进行审核；

4)对建设项目能否按规定交付临管运营或正式运营作出评价。

(2)铁路建设项目竣工验收主要内容：

1)检查工程是否按铁路技术管理规程、设计规范、批准的设计文件(包括批准的修改初步设计、变更设计)建成，配套辅助项目是否与主体工程同步建成；

2)险查工程质量是否符合国家和铁道部颁布的工程施工质量验收标准；

3)检查建设程序执行情况和变更设计管理情况；

4)检查工程设备配套及设备安装、调试情况，主要设备联调联试及试运转情况，以及国外引进设备合同完成情况；

5)检查概算执行情况，材料、设备购置是否合理，工程其他支出是否符合规定；审查财务竣工决算；

6)检查动态检测、试运行情况，是否具备临管运营或运营条件；

7)检查环保、水保、劳动、安全、卫生、消防等设施是否按批准的设计文件建成并合格，地质灾害整治及建筑抗震设防是否符合规定；

8)检查工程竣工文件编制完成情况，建设项目批准文件、设计文件、施工过程管理文件及招投标文件、监理文件、竣工文件等资料是否齐全，准确，并按规定归档；

9)检查建设用地权属来源是否合法，面积是否准确，界址是否清楚，手续是否齐全；

10)审计、检查、监察等发现问题的整改情况。

4. 验收组织机构

(1)竣工验收采用建设单位组织专家检查、政府验收的方式。

建设单位或由委托的单位组成验收工作组进行静态验收和动态验收；安全机构进行评估，政府验收包括初步验收和正式验收。

(2)建设单位验收工作在铁道部建设、运输主管部门指导下实施。

建设单位在工程基本完工前，应向铁道部建设主管部门提出申请验收报告，申请报告包括工程完成情况、验收建议计划、验收工作组组成建议等。验收工作组一般由建设单位、使用接管单位以及专家组成。

建设单位依据批准的申请验收报告成立验收工作组具体负责静态验收和动态验收工作，落实初步验收和正式验收条件，提出初步验收和正式验收的实施建议。验收工作组人员名单报铁道部建设管理司和运输局核备。

(3)初步验收由铁道部或铁道部委托的单位组织实施。验收单位在收到初验申请并确认项目达到初验条件一个月内，成立初步验收委员会进行初步验收。初步验收委员会由有关业务部门、接管使用单位、验收工作组正副组长及部分专家，以及勘察设计单位负责人组成。

委托初步验收的，验收委员会名单、初步验收报告报铁道部建设管理司和运输局核备。

(4)正式验收一般由项目审批部门组织，国家审批项目由国家主管部门(或委托铁道部)组织正式验收，铁道部审批项目由铁道部(或委托铁路管理机构)组织正式验收。铁道部建设管理司在收到正式验收申请并确定项目达到正式验收条件一个月内，提出验收方案报铁道部。负责验收的部门按相关规定成立正式验收委员会，具体负责正式验收工作。

(5)验收委员会职责

1)贯彻国家法律法规和铁道部规章制度、验收标准和规定；

2)制订验收计划和工作安排；

3)组织审查竣工验收相关资料；

4)必要时组织现场检查；

5)明确验收结论；

6)初验委员会提出初验报告，正式验收委员会签发正式验收证书。

(6)铁道部或国家主管部门组织验收的铁路建设项目，工程质量安全监督机构应先期对现场验收情况进行检查，抽检工点，向验收委员会提交工程质量安全监督报告，并参加工程验收工作。

铁道部委托铁路管理机构组织验收的铁路建设项目，工程质量安全监督机构负责对验收过程进行监督，并向铁道部提交工程验收监督报告。

第二节 验收资料

一、静态验收资料

(1)静态验收是指由建设单位(或委托单位)组织验收工作组，对建设项目进行检查，确认工程是否按设计完成且质量合格，系统设备是否已安装并调试完毕。

静态验收包括专业现场验收和静态综合系统验收。

(2)静态验收程序：

1)承包单位按照设计文件和合同约定完成全部工程和设备安装、调试并经自检合格后，向建设单位申请专业工程验收，报送“专业工程验收申请表”(表5—3)并签署意见；

2)验收工作组研究确认达到专业工程验收条件后，由验收工作组分专业进行现场验收；

3)验收工作组应在30个工作日内完成检查，对存在问题提出处理意见，整改期限、复检时间等，对整改问题进行复查，合格后填写“专业工程验收记录表”(表5—4)并签署验收意见；

4)专业工程验收合格后，承包单位向建设单位申请静态综合系统验收并报送“静态综合系统验收申请表”(表5—5)；

5)验收工作组确认达到静态综合系统验收条件后，在综合调试具备条件的基础上进行静态综合系统验收；

6)验收工作组对存在的问题提出处理意见、整改期限、复检时间等，对整改问题复查合格后填写“静态综合系统验收记录表”(表 5－6)并签署意见。

(3)完成专业工程验收和静态综合系统验收后，建设单位应编写“静态验收报告”(表 5－7)。“静态验收报告”应包括项目专业工程验收以及静态综合系统验收过程、存在问题及整改情况、验收结论等内容，并附相关数据和试验报告。

“静态验收报告”报铁道部建设管理司和运输局核备。

(4)静态验收工作在铁道部建设部门指导下实施。

表 5—3 ____(项目名称)____ 专业工程验收申请表

合同段：__________

<table>
<tr><td>专业工程名称</td><td colspan="3"></td></tr>
<tr><td>申请验收范围</td><td colspan="3"></td></tr>
<tr><td>工程承包单位</td><td colspan="3"></td></tr>
<tr><td>项目负责人</td><td></td><td>项目技术负责人</td><td></td></tr>
<tr><td>工程完成情况</td><td colspan="3"></td></tr>
<tr><td>工程质量情况</td><td colspan="3"></td></tr>
<tr><td>竣工文件情况</td><td colspan="3"></td></tr>
<tr><td>监理单位意见</td><td colspan="3"></td></tr>
<tr><td colspan="4">工程承包单位：

(章)
负责人： 年 月 日</td></tr>
</table>

表 5—4　＿（项目名称）＿专业工程验收记录表

合同段：＿＿＿＿＿＿＿＿

专业工程名称	
资料验收情况	
质量情况	
调试情况	
存在问题	
整改情况	
验收工作组意见	验收工作组负责人：签字 年　月　日
建设单位：负责人签字 勘察设计单位：负责人签字 监理单位：负责人签字 工程承包单位：负责人签字 年　月　日	

表 5—5　＿（项目名称）＿静态综合系统验收申请表

项目名称	
申请验收范围	
工程承包单位	
工程完成情况	
工程质量情况	
综合系统自检情况	
竣工文件情况	
监理单位意见	
工程承包单位： （章） 负责人：　年　月　日	

表 5—6　（项目名称）静态综合系统验收记录表

<table>
<tr><td>项目名称</td><td></td></tr>
<tr><td>综合系统调试情况</td><td></td></tr>
<tr><td>存在问题</td><td></td></tr>
<tr><td>整改情况</td><td></td></tr>
<tr><td>验收工作组意见</td><td>验收工作组负责人:签字
年　　月　　日</td></tr>
<tr><td colspan="2">建设单位:负责人签字
勘察设计单位:负责人签字
监理单位:负责人签字
工程承包单位:负责人签字

年　　月　　日</td></tr>
</table>

表 5—7　铁路竣工验收相关报告式样(一)

<table>
<tr><td>________________铁路

静 态 验 收 报 告

建设单位

年　　月　　日</td></tr>
</table>

续上表

一、铁路建设项目完成情况 (主要工程量完成情况，过程质量验收情况，设备引进以及安装调试情况，建设用地情况，竣工文件及资料编制情况等) 二、静态验收依据 (有关法规、建设标准，设计规范和验收规范，经批准的项目建议书、可行性研究报告；经批准的设计文件，合同文件、设备技术说明书；从国外引进新技术或成套设备的，外方提供的设计文件和新技术或成套设备的国家标准等) 三、验收组织机构及成员 (铁路建设项目竣工验收工作组组成情况) 四、验收过程 (铁路建设项目专业工程验收以及静态综合系统验收范围、验收过程、验收时间、存在的问题、整改及复验情况，) 五、验收工作组意见 六、验收结论 静态验收结论(包括各专业工程验收结论、静态综合系统验收结论) 七、下一步工作安排 附：相关数据和试验报告

二、动态验收资料

(1)动态验收是指铁路建设项目静态验收合格后，由建设单位(或委托单位)组织整个系统验证性综合调试，并委托专业机构进行动态检测，验收工作组对工程安全运行状态进行的全面检查和验收。动态验收内容执行铁道部相关规定。

建设项目综合调试和模拟试运行的主要原则执行铁道部有关规定，实车运行条件下动态检测执行铁道部动态检测相关标准。

(2)动态验收程序：

1)建设单位(或委托单位)应在静态验收完成20日前拟定详细的《动态验收实施方案》，报初步验收单位批准。《动态验收实施方案》应包括动态验收组织形式、综合调试计划、试运行和动态检测方案、拟投入主要设备仪器，安全保证措施等内容。

2)建设单位(或委托单位)按照批复的《动态验收实施方案》组织动态验收。

3)建设单位(或委托单位)组织专业机构按批复的《动态验收实施方案》进行动态检测，并形成动态检测报告。动态检测工作由铁道部批准的专门机构负责。

4)验收工作组按《动态验收实施方案》进行检查，对动态检测中发现的问题进行研究并提出整改意见，整改问题复查合格后，填写《动态验收记录表》(表5－8)并签署意见。

(3)动态验收过程中，建设项目所在铁路局及相关部门应积极配合建设单位，按照铁道部规定做好综合调试和模拟试运行工作。

(4)动态验收合格后，建设单位(或委托单位)组织编写《动态验收报告》(表5－9)，其中应包括动态验收组织及人员、动态检测过程及结果、试运行过程及结果、存在问题及整改情况、验收结论等内容，并附相关数据和试验报告。

《动态验收报告》报铁道部建设管理司和运输局核备。

(5)动态验收工作在铁道部建设、运输部门指导下实施；动态验收的试运行工作在铁道部运输、建设部门指导下实施，接管使用单位参与。

表 5—8 （项目名称） 动态验收记录表

<table>
<tr><td>项目名称</td><td></td></tr>
<tr><td>动态检测情况</td><td></td></tr>
<tr><td>模拟试运行情况</td><td></td></tr>
<tr><td>存在问题</td><td></td></tr>
<tr><td>整改情况</td><td></td></tr>
<tr><td>验收工作组意见</td><td>验收工作组负责人:签字
年 月 日</td></tr>
<tr><td colspan="2">建设单位:负责人签字
勘察设计单位:负责人签字
监理单位:负责人签字
工程承包单位:负责人签字
年 月 日</td></tr>
</table>

表 5—9 铁路竣工验收相关报告式样(二)

________________铁路

动 态 验 收 报 告

建设单位________

年 月 日

续上表

一、静态验收遗留问题及整改情况 二、动态验收依据 （铁路动态检测标准及相关规定、试运行相关规定） 三、验收组织机构及人员 （铁路建设项目竣工验收工作组组成情况） 四、验收过程 （动态检测的对象、时间、检测过程、检测结果、存在的问题、整改情况，联调联试综合调试的过程、时间、调试结果、存在的问题、整改情况，模拟试运行的参加单位、试运行时间、运行过程、存在的问题、整改情况） 五、验收工作组意见 六、验收结论 七、下一步工作安排 附：相关数据和试验报告

三、初步验收资料

（1）初步验收是指建设项目动态验收合格后，由初步验收单位对静态验收、动态验收结果进行检查和确认。

（2）初步验收程序：

1）建设单位完成动态验收工作后，应及时向初步验收单位报送《初步验收申请表》（表5—10）、《动态验收报告》（表5—9），初步验收申请报告。

2）初步验收单位在收到《初步验收申请表》、《动态验收报告》、初步验收申请报告，以及《质量安全监督报告》（政府组织验收时附）后，确认是否符合初步验收条件。符合初步验收条件的，成立初步验收委员会。

3）初步验收委员会组织召开初步验收会议，必要时组织现场检查，提出《初步验收报告》（表5—11），明确验收结论。

表5—10　（项目名称）初步验收申请表

项目名称	
主体工程及配套工程完成情况	
环保、水土保持设施完成情况	
劳动安全卫生设施完成情况	
消防设施完成情况	
地质灾害整治措施落实情况	
建设用地情况	
竣工文件及资料完成情况	
静态验收情况	
动态验收情况	
需要说明的问题	

续上表

项目名称	
监理单位	（章） 负责人：　　　　年　　月　　日
建设单位	（章） 负责人：　　　　年　　月　　日
铁道部建设管理司意见	（章） 负责人：　　　　年　　月　　日

表 5—11　初步验收报告

____________________铁路 **初 步 验 收 报 告** ______________初步验收委员会 年　　月　　日

续上表

前言:(铁路项目的地理位置、规模、修建意义)

一、建设依据

(批准的项目建议书、可行性研究报告、初步设计、开工报告批复等)

二、项目概况

(线路走向、区域,沿线主要地质情况及特点,主要技术标准,主要竣工工程数量,建设用地情况,重点、难点工程主要技术要求等)

三、验收范围

(线路端点站名称、起止里程、全长,相关工程范围等)

四、建设经过

(参与本建设项目建设活动的建设、设计、施工、监理单位及任务划分,建设组织管理基本情况及特点,勘察设计完成过程,工程开、竣工情况,安全质量监督、监理情况,建设项目通过静态验收,动态验收的情况和时间)

五、工程概算及建设投资简况

(批准的概算总额,建设资金渠道和数额,建设资金到位及控制情况等)

六、验收经过

(初步验收组织机构及人员,验收过程、验收时间,对初步验收提出问题整改情况和复查结论)

七、验收结论

(对建设项目线路走向和总体布局,执行国家和铁道部技术政策、规程、规范等情况的评价,建设组织管理,工程设计、施工技术和组织管理情况,工程安全质量监督情况,建设用地使用权登记情况,执行国家环保总局对工程环境影响评价报告书的批复情况,执行国家水行政主管部门对水土保持方案的批复情况,劳动、卫生、消防安全设施是否符合验收标准,地质灾害整治措施及建筑抗震设防的落实情况,引进设备的安装及联合调试情况,实车运行条件下系统的安全性、稳定性检测情况,工程竣工文件齐全、系统、准确,初步验收委员会提出验收结论)

八、对临管运营的要求和建议

______________验收委员会

主 任 委 员:(姓名)　　单位职务(职称)　　签名

副主任委员:(姓名)　　单位职务(职称)　　签名

委　　员:(姓名)　　单位职务(职称)　　签名

四、安全评估报告

(1)安全评估报告是由铁路安全监察部门组织(或委托具有资质的第三方机构)进行安全评估,就建设项目试运营(或临管运营)提出的安全评价意见。

(2)初步验收合格后,由铁路安全监察部门组织或委托具有资质的第三方机构进行安全评估,就建设项目临管运营提出安全评价意见,并责成建设单位、接管使用单位完善安全措施。

(3)建设项目安全评估合格并经批准后进行临管运营。建设单位及接管使用单位在临管运营期间必须进一步做好观测、测试工作。

(4)初步验收合格后,建设单位应在3个月内按规定完成竣工财务决算的编制工作,并上报铁道部相关部门;铁道部相关部门组织审查。

五、国家正式验收资料

(1)正式验收是指铁路建设项目初步验收一年后,由项目审批部门对铁路建设项目进行整体验收和综合评价。

(2)正式验收程序:

1)对具备正式验收条件的铁路建设项目,建设单位应向铁道部建设管理司提出申请,上报《正式验收申请表》(5—12)和正式验收申请报告,报请正式验收。

2)铁道部建设管理司在收到"正式验收申请表"、"正式验收申请报告",以及"质量安全监督报告"后,会同有关部门进行确认,经确认申报项目符合正式验收条件的,提出正式验收建议报铁道部,由铁道部安排验收。

3)正式验收委员会组织召开验收会议,必要时组织现场检查,对建设项目工程质量、线路运行状况、环境协调性等建设成果以及初步验收结论进行整体评价,形成"正式验收证书"(表5—13),明确验收结论。

(3)分期、分段组织竣工验收的,比照上述规定或按批准的申请验收报告进行验收,初步验收合格后由接管使用单位接管并负责维修养护,全部工程竣工后按本办法规定办理竣工验收手续。

表5—12 (项目名称) 正式验收申请表

项目名称	
初步验收遗留问题处理情况	
临管运营情况	
竣工决算情况	
建设资金结算情况	
正式运营投产准备情况	
建设单位	(章) 负责人: 年 月 日
铁道部主管部门意见	(章) 负责人: 年 月 日

表 5—13　正式验收证书式样

________________铁路

正 式 验 收 报 告

________________验收委员会

年　　月　　日

续上表

________铁路正式验收证书

（ 年 月 日）________验收委员会通过

前言：

（建设项目的地理位置、规模、修建意义）

一、建设依据

（批准的项目建议书、可行性研究报告、初步设计、开工报告批复等）

二、工程概况

（线路走向、区域，沿线主要地质情况及特点，主要技术标准，主要竣工工程数量，建设用地情况，重点、难点工程主要技术要求等）

三、验收范围

（线路端点站名称、起止里程、全长，相关工程范围等）

四、建设经过

（参与本建设项目建设活动的建设、设计、施工、监理、咨询单位及任务划分，建设组织管理基本情况及特点，勘察设计完成过程，工程开、竣工情况，安全质量监督、监理情况，建设项目通过初步验收的情况和时间，开通临管运营时间、临管运营情况等）

五、工程概算及建设投资简况

（批准的概算总额，建设资金渠道和数额，建设资金到位及控制情况等）

六，验收经过

（正式验收组织机构及人员、验收过程、验收时间、专项验收及静态综合系统验收情况）

七、验收结论

（对建设项目线路走向和总体布局，执行国家和铁道部技术政策、规程、规范等情况的评价，建设组织管理，工程设计、施工技术和组织管理情况，工程安全质量监督情况，建设用地使用权领证情况，执行国家环保总局对工程环境影响评价报告书的批复情况，执行国家水行政主管部门对水土保持方案的批复情况，劳动、卫生、消防安全设施是否符合验收标准，地质灾害整治措施及建筑抗震设防的落实情况，引进设备的安装及联合调试情况，实车运行条件下系统的安全性、稳定性检测情况，工程竣工文件齐全、系统，准确，正式运营投产的各项准备工作已经完成。工程质量水平总体评价。正式验收委员会对初步验收报告的认可评价，提出验收结论）

________验收委员会

主 任 委 员：姓名　　单位职务（职称）　　签名

副主任委员：姓名　　单位职务（职称）　　签名

委　　　员：姓名　　单位职务（职称）　　签名

第六章　工程竣工文件

第一节　竣工文件管理的规定

一、一般规定

(1)质量良好地编制铁路建设项目竣工文件，确保顺利交接和归档，根据国家档案局、国家计委关于基本建设项目档案管理的有关规定和铁道部《铁路建设项目竣工验收交接办法》(铁建设〔2008〕23号)，制定本办法。

(2)竣工文件系指在建设项目建设过程中形成的，如实反映施工过程和建设项目实体状况的，具有保存利用价值的各种文件材料、图纸、录音、录像等。

(3)竣工文件是铁路建设项目的真实记录，是对建设项目进行稽察、审计、监督、管理、验收以及铁路设备养护、维修及破损后修复的依据，是改建、扩建和实施质量偰修的重要凭证。

(4)铁道部档案管理部门负责归口管理全国铁路建设项目竣工文件编制、移交工作的监督、检查、指导。

(5)本办法适用于新建改建等国家铁路、国家与地方或企业合资铁路、地方铁路的新增固定资产项目。

专用铁路和铁路专用线的建设项目可参照执行。

二、文件管理规定

(1)竣工文件编制工作由建设单位负责组织，施工单位负责编制，接管单位档案部门负责协助指导。建设项目在招、投标和签订施工及监理合同、协议时，应列专门条款明确规定竣工文件的编制要求、内容、份数、交接时间以及整理归档的责任。

(2)建设单位应建立健全档案、资料和竣工文件编制与管理的相关规章制度，设立专门机构，指定专人负责，监督、检查、指导竣工文件的编制，并要配备确保档案资料安全的库房和设备。

(3)建设单位要根据本办法和项目规模、项目施工过程中产生的文件材料，规定详细的归档范围和内容，确保文件材料的完整性。

(4)各施工单位要认真履行投标承诺与合同中关于竣工文件编制的有关条款、规定，加强对竣工文件编制和交接的管理，将这项工作纳入施工技术管理、优质工程评比、单位总工程师和有关工程技术人员的职责范围。施工单位的各级技术管理部门都应有专人负责竣工文件编制的组织、检查、指导工作，同级档案部门应协助做好这项工作。

(5)铁路建设项目接管单位的档案部门在工程开始组织施工即应介入竣工文件编制工作。在工程施工过程中应组织人员深入施工现场，对本管内建设项目竣工文件的形成、积累工作进行监督、检查、指导；在工程竣工前，要重点督促，帮助施工单位编好竣工文件。

(6)监理单位应依据监理委托合同(协议)在施工中负责监督、检查施工单位及时整理竣工文件和竣工验收资料，并按规定检查竣工文件的质量和完整性，负责向建设单位提交其监理业务范围内的专项报告。

(7)建立国家重点建设项目档案管理制度。国家重点建设项目的各建设单位(指挥部)，应按照国家档案局、铁道部档案部门的有关要求，及时填报国家重点建设项目档案管理登记表(表6—1、表6—2、表6—3)，便于对这些项目的竣工文件编制及交接工作进行监督、检查。

(8)建设单位和监理单位应将竣工文件是否齐全、完整作为对施工单位末次验工计价的条件之一。竣工文件不齐全、不完整，建设项目不能验收交接。

表6—1 国家重点建设项目档案管理登记表

（项目及项目档案和资料情况动态表）

编号：

项目名称			
建设单位或项目法人			
地址		邮编	
上级主管部门			
批准概算总投资	万元	计划工期	年 月—— 年 月
主要单位工程名称			
现已完成的单位或单项工程			
主要设计单位			
主要施工单位			
主要设备安装单位			
主要监理单位			
项目档案和资料管理情况			
档案资料管理部门名称		隶属部门	
联系地址、电话		负责人	
项目建档时间			
专职档案人员数量			
库房面积/档案工作其他用房面积			
设施设备			
现有档案和资料数量（正本）	卷（册）		
图纸张数			
对项目档案日常监督、指导的上级单位			
填表单位	（盖 章） 年 月 日		

注：此表于项目开工6个月内报铁道部档案处。对于未验收的国家重点建设项目，每年填写一次。

表 6—2　国家重点建设项目档案管理登记表

（项目档案预验收情表）

编号：

<table>
<tr><td colspan="2">项目名称</td><td colspan="3"></td></tr>
<tr><td colspan="2">项目档案总数(正本)</td><td>卷(册)</td><td>图纸数量</td><td></td></tr>
<tr><td colspan="2">档案移交单位</td><td colspan="3"></td></tr>
<tr><td colspan="2">库房面积/档案工作其他用房面积</td><td colspan="3"></td></tr>
<tr><td colspan="2">项目验收日期</td><td colspan="3"></td></tr>
<tr><td rowspan="3">项目档案预验收</td><td>组织单位</td><td colspan="3"></td></tr>
<tr><td>预验收组
成员及单位</td><td colspan="3"></td></tr>
<tr><td>预验收结论</td><td colspan="3">预验收负责人(盖章)
年　　月　　日</td></tr>
</table>

注：此表于项目档案预验收后 1 个月内报铁道部档案处。

表 6—3 国家重点建设项目档案登记表

（项目档案正式验收情况表）

编号：

<table>
<tr><td colspan="2">项目名称</td><td colspan="3"></td></tr>
<tr><td colspan="2">项目档案总数(正本)</td><td>卷(册)</td><td>图纸数量</td><td></td></tr>
<tr><td colspan="2">档案移交单位</td><td colspan="3"></td></tr>
<tr><td colspan="2">项目竣工投产日期</td><td colspan="3"></td></tr>
<tr><td colspan="2">项目正式验收日期</td><td colspan="3"></td></tr>
<tr><td rowspan="3">项目档案正式验收</td><td>组织单位</td><td colspan="3"></td></tr>
<tr><td>验收组
成员及单位</td><td colspan="3"></td></tr>
<tr><td>正式验收结论</td><td colspan="3">验收负责人(盖章)
年 月 日</td></tr>
</table>

注：此表于项目档案正式验收后 1 个月内报铁道部档案处。

第二节　竣工文件管理

一、竣工文件的形式

(1)铁路建设工程项目竣工文件的收集、整理、归档及移交,应做到布置施工任务与布置竣工文件编制、工程施工进展与竣工文件形成积累、工程验收交接与竣工文件交接同步进行。

(2)建设项目开工后,建设单位应按接管单位档案部门提出的要求,组织各参建单位,做好文件材料形成、积累工作。施工单位的各单项工程负责人要按照各专业竣工文件编制内容,随时做好图纸修改、资料收集和积累工作,注意收集施工中采用的新工艺、新材料、特殊地质、重点难点的科技攻关项目、地下建筑、地下管线、工程质量事故处理方案以及工程隐蔽部位的资料,并应根据变更设计的要求,及时修改施工图,填写工程日志,做到准确、符合实际。

(3)各单项工程的技术负责人,要将施工过程中形成的各种检查证、试验报告、原材料出厂合格证等原始记录,按工程项目和内容分别放在平时立卷盒内,以防文件材料的散失和损坏。

第四章竣工文件的组成与内容

(4)凡属铁路干线、支线、特大桥(500m以上)、大桥(100～500m)、长隧道(3km及其以上)、枢纽、编组站、口岸站、特等客站房、通信、信号、电力、电气化、给水和大型工厂工程的竣工文件均应进铁道部档案馆。其内容包括:

1)验收证书、建交表和工程技术总结。

2)竣工图。

①铁路干线和支线的平面图、纵断面图、平、纵断面缩图、铁路用地总平面图。

②特大桥和大桥的平面图、立面图、桥址平面图、梁部和墩台结构图(梁图采用标准图时,只在目录中注明标准图号和编制单位,不必附图)。

③长隧道(3km及其以上)的横、纵断面图和主要结构图。

④枢纽、编组站、口岸站和特、一、二等站的平面布置图,通信、信号、电力、电气化、给水排水、机务、车辆、站房等平面布置图。

⑤新型通信信号(我国以前没有的)竣工图。

⑥电气化铁路接触网和变配电所平面布置图。

⑦特等客站站房及大中型铁路工厂的平面布置图,各种管线布置图,主要车间设备布置及安装图。

(5)凡在大中缄市范围内施工的铁路建设项目,应向当地城市建设档案馆报送有关城市建设档案,内容包括:

①城市规划区范围内区段站以上的车站(包括客、货运站和编组站)及工厂厂址总平面布置图,地下管线径路图和竣工验收证书。

②城市规划区范围内的铁路线路、桥梁、隧道总平面布置图、桥梁平面、立面竣工图,线路、隧道的纵断面图和标准横断面图及有关说明。

③报送城市建设档案馆的竣工文件均提供复制件,其文整应符合城市建设档案馆提出的要求。

(6)新建铁路建设项目的竣工文件,可按综合、线路、路基、桥梁、涵洞、隧道、站场、机务、车辆、给水排水、通信、信号、电力、电气化、房建、环境保护与水土保持、铁路用地等专业编制。改建、扩建工程项目的竣工文件内容应按设计施工的范围编制。

(7)铁路征购土地、拆迁补偿等原始凭证的原件，由施工或购地单位财务部门单独组卷，归入地亩档案，交接管单位永久保存。施工(购地)单位财务部门保存复印件。

(8)工程建设项目中凡有引进技术、引进设备的单位，要做好引进技术和引进设备图纸文件的收集、整理、译注工作。归档时，外文材料与译注材料一起归档，归档的竣工图应是译注后的图纸。

二、竣工文件质量要求

(1)竣工文件形成后，要按文件材料形成的规律，保持文件之间有机联系，合理地组成保管单位。一般要求是：

1)一项大的建设项目在组成保管单位时，先区分专业，然后按单项工程组成若干个保管单位(即盒)，一盒为一个保管单位。

2)组成保管单位时要考虑建设(运营)单位维修管辖区段，不是一个管辖区段的工程不能组在一起。

3)铁路通信、信号、电力、给水排水、电气化、房建、铁路用地等专业，应将站与区间分别编制，正线与支线、联络线也应分开组成保管单位。

4)小桥及涵洞分别按区间组成保管单位。

5)一个建设项目由两个以上单位负责施工时，其竣工文件可各自按施工管辖范围组卷，但要考虑接管单位将文件材料与图纸合并组卷的要求。涉及综合性资料如：建交表、竣工验收报告、施工中来往文电等应由各总承包单位收集汇总，分别组成保管单位。

6)竣工文件一般按施工资料、工程日志，竣工图三部分内容组成保管单位。

(2)各施工单位将施工过程中形成、积累的文件材料、图纸经过加工整理组成保管单位(即卷)，组卷时要遵循文件的自然形成规律和成套性的特点，保持卷内文件的有机联系。一般是先按专业，然后再按单项工程组成保管单位(卷)。

(3)竣工文件在组成保管单位时，应分别对施工资料、工程日志进行整理装订，对图纸进行折叠或装订，案卷要编张号，填写案卷封面、卷内目录、备考表。

(4)竣工文件的质量要求是：

1)齐全完整。应归档的施工资料、图纸全部收齐，进铁道部和城建档案馆的全部进馆，各项签字盖章齐全，具备法律效力。

2)内容准确。所移交的竣工文件内容，真实记述和准确反映建设过程和竣工时的工程客观实际，如建交表、试验报告、隐蔽工程检查证、各种原始记录、原材料出厂合格证、复试报告和各项技术数据翔实可靠；竣工图纸已按变更设计和施工洽商记录进行了修改，做到图物相符，施工里程已更换为竣工后的统一里程。

3)系统配套。一个建设项目内各专业内容，一个单位工程内施工资料、图纸的各项内容应配套完整。

4)整洁美观。竣工文件材料装订整齐，美观，软封面及卷内目录填写清楚，字体工整，文面整洁。不得用圆珠笔、铅笔、双面蓝色复写纸书写和复印文件。图纸图幅标准、线条清晰、字体工整、反差良好、折叠规范统一。

三、各竣工文件组成保管单位(卷)的方法

竣工文件组成保管单位除参照《铁路建设项目竣工文件编制移交办法》一般要求外，具体每个专业按以下要求进行：

(1)综合：按竣工验收报告，验收证书，竣工验收记录表，竣工验收铁验表附表1～5，决算附表一～四，施工技术总结，建交表，施工中来往文电、协议、合同文本：照片(底片)、录音、录像，工程质量检验报告，各单项工程竣工验收报告等八个部分组成保管单位。

1)竣工验收报告(验收证书、验收记录表)包括初验、铁道部、国家组织的总验收报告(不包括单项工程的验收报告)。

2)竣工验收铁验表附表1～5，决算附表一～四是指铁道部公布实行的《铁路建设项目竣工验收交接办法》中规定的附表。

3)施工技术总结是指一个建设项目总的施工技术总结。

4)建交表是指本文附件1中综合专业中规定的8种。

5)施工中来往的文电、协议、合同文本按内容和保管期限分别组成保管单位。

6)施工中形成的声速档案按铁道部办公厅《声像档案管理办法》要求组成保管单位。

7)工程质量检验报告。

8)各单项工程验收报告，可在固定资产移交后按专业集中装订成册。

(2)线路：按线路综合、线上、其它三个部分组成保管单位，其中：

1)线路综合：分别按①线路平、纵断面缩图，②线路平面图，③线路纵断面图，④详细工程地质图、纵断面图，⑤施工资料(包括施工小结、建交表)等五个部分组卷。

2)线上：将施工资料装订成册，组成若干卷。

注：线上如统一由一个单位铺设时，由铺设单位将施工资料装订成册，直接交接收单位归档。

3)其他：将有关施工资料集中装订成册，组成若干卷。

(3)路基：按路基及路基附属两个部分组成保管单位

1)路基：按检查证等施工资料、横断面图、路基个别设计竣工图等三个部分组卷。路基夯实度试验记录，单独组成保管单位(只需1份，交维修单位)。

2)路基附属：工程数量小的可将施工管段内的若干项单项工程组在一起，工程数量大的可按路基排水、路基加固、防护和路基环境保护工程与分另别组卷，然后按施工资料和图纸两个部分组卷。

(4)桥梁：

1)特大、大、中桥按座组卷。将施工资料、图纸分别组成保管单位(施工资料、图纸少的也可合并组卷)。施工资料按墩台顺序集中组卷。钻孔桩施工资料按根、墩台顺序集中组卷。复线桥错位时，如基础分开，资料也应分左右线分开组卷，图纸可合在一起绘制。

2)小桥按区间组卷，(一个区间以甲、乙两站中心里程为界)各自按里程先后排列，并将施工资料与图纸分开组卷。

注：如梁由铺架单位统一架设时，铺架单位应及时将架梁记录及梁的出厂合格证移交桥下施工单位合并组成保管单位。

(5)涵洞：按区间组卷，方法与小桥相同。

(6)隧道：按座组卷，将施工资料与图纸分开组成保管单位。

(7)站场：按站组卷，将站场平、横断面图、站场设备分别组卷，如小站将站内道路、栅栏、站台、风雨棚等组在一起，如大站按站场设备分别组卷，然后按施工资料、图纸组成保管单位。

(8)机务、车辆:按土建和动力机械设备分别组成保管单位。

(9)给水、排水:先区分给水、排水,每个给水站包括水源井、泵房、水塔,给水管路等按文件材料、图纸分别组成保管单位,排水系统单独组成保管单位。

(10)通信:按干线通信线路、通信站、地区及站场通信、无线通信、车站客运管理信息系统五个部分组成保管单位。电缆径路按设计区段组卷。

(11)信号:按电锁器联锁、电气集中联锁、驼峰信号,区间信号、调度集中或调度监督、其他信号六个部分分别组成保管单位,站场与区间分开组卷(区间为甲站出站信号机至乙站进站信号机为界,以下同),所有区间信号可集中组卷。

(12)电力:首先按区间和站场分别组成保管单位,然后按发、变、配电所,站内电力线路,供电线路,动力配线,室内外照明、自动控制六个部分分别组卷。

(13)电气化;按接触网、变配电所等部分组成保管单位,接触网应将站场和区间分开组卷。

(14)房建:按小站和地区房屋两种情况分别组卷。

1)小站房屋不分归属单位,将机、车、王、电、辆房屋组在一起,将施工资料和图纸分开组成保管单位。

2)地区房屋按站、段、厂、院分别组卷,大单位再按生产、生活、办公、福利等用途分开组卷。

(15)专用线:10km 以内不分专业综合组卷,10km 以上按专业组卷。

(16)铁路用地:按站、区间、零置地分别组成保管单位,征地资料如车站与区间不能分开时,可将资料集中组在车站内。

(17)环境保护与水土保持:文件材料单独组卷,图纸组入各专业内。

注:凡施工资料与图纸分开组成保管单位的,如施工资料与图纸数量都不多时,可以合并组成一个保管单例(卷)。

第三节　竣工文件内容

新建铁路建设项目竣工文件由综合、线路、路基、桥梁、涵洞、隧道、站场、机务、车辆、给水排水、通信、信号、电力、电气化、房建、环境保护与水土保持、铁路用地等 17 个专业组成。竣工文件的建交表格式均按铁道部颁布的《铁路建设项目竣工验收交接办法》中规定的式样。各专业竣工文件应包含的内容(以下为交基层站段的内容,交路局、分局内容可按本附件内十八款酌减):

Ⅰ、全部施工设计文件一套,由建设单位交各铁路局、合资铁路公司、地方铁路公司档案部门保管备查。

Ⅱ、全部竣工文件。

一、综　　合

凡各专业不能包括进去的,均可收集纳入综合部分内,主要有:

(1)整个建设项目的竣工验收证书。

(2)竣工申报表(铁验表—1)。

(3)初验申报表(铁验表—2)。

(4)初验专业小组记录表(铁验表—3)。

(5)正式验收申报表(铁验表—4)。

(6)竣工验收交接记录表(铁验表—5)。

(7)概算及决算支出对照表(决算附表一)。

(8)主要材料及人工消耗统计表(决算附表二)。

(9)设计与竣工主要工程数量及投资对照表(决算附表三)。

(10)铁路建设项目剩余工程数量及投资表(决算附表四)。

(11)整个建设项目的施工技术总结。

(12)工程技术条件表(建交—1)。

(13)车站表(建交—2)。

(14)桥梁表(建交—8)。

(15)旅客天桥、地道表(建交—10)。

(16)涵洞表(建交—11)。

(17)隧道及明洞表(建交—12)。

(18)房屋总清册(建交—17)。

(19)消防、环保、安全、医药卫生空调设备表(建交—26)。

(20)工程质量检验报告(由工程建设监理部门提供)。

(21)施工中形成的有关文件、电报、协议、合同、会议记录以及照片(底片)、录音带、录像带。

(22)各单项工程验收报告。

二、线　　路

包括线路综合、线路轨道工程及线路其它三个部分。

1.线路综合包括

(1)水准点表(建交—4－1)。

(2)控制桩表(建交—4－2)。

(3)统一里程与施工里程对照表(建交—5)。

(4)曲线表。

(5)坡度表。

(6)断链表。

(7)断高表。

(8)控制测量成果表。

(9)增建第二线左右侧线间距表。

(10)预留二线一次施工地段表。

(11)既有线改线地段表。

(12)既有线改坡地段表。

(13)线路竣工平面图(含改建既有线、增建第二线、绕行线)。

(14)线路竣工纵断面图(含改建既有线、增建第二线)。

(15)线路竣工平、纵断面缩图。

(16)详细工程地质图(根据需要全部或重点编制,也可与线路竣工平面图合并编制)。

(17)详细工程地质纵断面图(可与线路竣工纵断面图合并编制)。

注:(1)建交—5表仅限于新建铁路填列。

(2)各种表格除建交表外,竣工图中已有的不另附以下同。

2.线路轨道工程

(1)开、竣工报告及批复文件。

(2)变更设计通知单。

(3)轨道工程数量汇总表。

(4)加强地段表。

(5)制动地段表。

(6)正线线路上部建筑铺设材料汇总表(建交—13)。

(7)钢轨及连接配件出厂合格证。

(8)铺设钢筋混凝土枕、木枕地段表。

(9)铺设无缝线路地段表。

(10)铺设整体道床、宽枕及其他新型轨下基础地段表。

(11)养路机械设备数量表(建交—25)。

(12)单位工程质量检验评定表(铁程检—47)。

(13)工程日志。

(14)工程施工小结。

(15)工程竣工验收报告。

3.线路其他

包括平交道口、栅栏、道口铺砌、车挡、线路标志、备品等应具备以下内容:

(1)开、竣工报告及批复文件。

(2)工程数量表。

(3)变更设计通知单。

(4)平(立)交道表(建交—15)。

(5)设计单位提供的全部图纸修改后作为竣工图。

(6)单位工程质量检验评定表(铁程检—47)。

(7)工程日志。

(8)工程施工小结。

(9)工程竣工验收报告。

三、路基包括路基及路基附属两个部分。

1.路基。

(1)开、竣工报告及批复文件。

(2)路基土石方数量总表。

(3)路基填、挖方工程数量表。

(4)变更设计通知单。

(5)路基填土夯实检验记录。

(6)路基地面排水工程数量表。

(7)机械化养路作业平台设置表。

(8)检查路基基底(铁程检—05)。

(9)检查铺轨前路基完成情况(铁程检—07 附)。

(10)路基高度及宽度实测与设计对照表(铁程检—07)。

(11)单位工程质量检验评定表(铁程检—47)。

(12)路基一般设计竣工横断面图。

(13)路基个别设计竣工图(平面图、纵断面图、横断面图、建筑物结构详图)。

(14)工程日志。

(15)工程施工小结。

(16)工程竣工验收报告。

2. 路基附属

(1)排水工程。

包括改河和河床加固、护坡、片石垛、渗水沟、盲沟、排水沟、天沟、截水沟、排水槽、急流槽、侧沟铺砌、吊沟、挡水埝、地下水处理等。

(2)路基加固及防护工程。

包括挡墙、护墙、抗滑桩、桩板墙、锚杆档墙、锚索桩、锚固桩、挤密桩、砂桩、砂井、抛填片石、片石垛、护坡护墙等。

(3)排水及路基加固防护工程均应包含以下内容:

1)开、竣工报告及批复文件。

2)变更设计通知单。

3)竣工数量表。

4)路基加固及防护工程数量表(建交—3)。

5)改河改沟(渠)表。

6)路基地面排水工程数量表。

7)混凝土、砂浆试压报告单。

8)石材试验报告单。

9)单位工程质量检验评定表(铁程检—47)。

10)路基排水系统竣工图。

11)路基环境保护工程竣工图。

12)各种加固工程设计图修改为竣工图。

13)工程日志。

14)工程施工小结。

15)工程竣工验收报告。

四、桥　　梁

所有桥梁工程其内容包括:

(1)开、竣工报告及批复文件。

(2)桥梁工程数量汇总表。

(3)变更设计通知单。

(4)检查桥梁基坑完成情况(铁程检—09)。

(5)检查沉井沉箱封底前完成情况(铁程检—10)。

(6)检查桩基检测情况表。

(7)检查桥梁墩台中线、水平、跨度情况(铁程检—11)。

(8)检查钢筋混凝土桥梁架设前墩台及梁部尺寸情况(铁程检—12)。

(9)检查桥梁架设情况(铁程检—13)。

(10)检查钢筋布置(铁程检—14)。

(11)检查建筑物防水层及泄水设备(铁程检—16)。

(12)特大桥及复杂桥梁工程检查证(可参考铁程检 24—42)。

(13)钢材、水泥、砂石料等原材料出厂合格证或复试报告。

(14)工程用水水质化验情况。

(15)混凝土、砂浆试压报告。

(16)钢梁出厂合格证,若设计文件要求作钢梁挠度试验,由工程部门组织有关单位共同进行,施工单位将结果填入(建交—9)表。

(17)钢筋混凝土梁及预应力钢筋混凝土梁出厂合格证。

(18)钢筋混凝土人行道板出厂合格证。

(19)现场灌注钢筋混凝土梁检验资料及合格证。

(20)桥梁围栏、护栏,梁部检查设备、防火设备、河床铺砌检查证、图纸等。

(21)单位工程质量检验评定表(铁程检—47)。

(22)桥址平面图。

(23)桥址工程地质图(地质复杂的桥附)。

(24)桥梁墩台及基础竣工图。

(25)全桥总布置图。

(26)桥梁特殊结构竣工图。

(27)桥梁新技术、新结构竣工图。

(28)导治建筑物及其他附属工程竣工图。

(29)汇水面积图。

(30)桥上照明、通信、信号≮电力、电气化等有关竣工图。

(31)工程日志。

(32)工程施工小结。

(33)工程竣工验收报告。

五、涵　　洞

涵洞工程包括:

(1)开、竣工报告及批复文件。

(2)竣工数量表(区间内按类型、孔径分别汇总)。

(3)变更设计通知单。

(4)检查涵洞基坑完成情况(铁程检—09)。

(5)检查钢筋布置(铁程检—14)。

(6)检查建筑物防水层及泄水设备(铁程检—16)。

(7)钢筋、水泥、砂石料等原材料出厂合格证或复试报告。

(8)管涵生产许可证。

(9)涵洞顶进记录。

(10)混凝土、砂浆试压报告单。

(11)单位工程质量检验评定表(铁程检—47)。

(12)涵洞平、立剖面竣工图。
(13)进出口改沟图。
(14)工程日志。
(15)工程施工小结。
(16)工程竣工验收报告。

六、隧　　道

隧道、明洞内容包括：
(1)开、竣工报告及批复文件。
(2)隧道工程数量汇总表。
(3)变更设计通知单。
(4)检查钢筋布置(铁程检—14)。
(5)检查隧道衬砌厚度、防水层及背后填塞(铁程检—15)。
(6)检查建筑物防水层及泄水设备(铁程检—16)。
(7)隧道净空测量记录。
(8)钢材、水泥、砂石料等原材料出厂合格证或复试报告。
(9)混凝土、砂浆试压报告。
(10)压浆记录。
(11)瓦斯等特殊隧道处理记录。
(12)重大塌方处理记录。
(13)工程质量事故处理记录。
(14)通风机械设备数量表(可填建交—25)。
(15)单位工程质量检验评定表(铁程检—47)。
(16)隧道(含明洞)平面图。
(17)隧道纵断面图。
(18)隧道洞身横断面图。
(19)隧道洞口平面及纵、横断面图。
(20)运营通风设施竣工图，包括：
1)风机房、通风机组平面布置图。
2)通风机组安装图。
3)通风机组及其他设备基础图。
4)隧道通风安装图等。
(21)特殊设计隧道(如洞门、衬砌、支护、防水、排水和新技术新结构等)竣工图。
(22)改沟、防护等竣工图。
(23)既有隧道改建或加固竣工图。
(24)工程日志。
(25)工程施工小结。
(26)工程竣工验收报告。

七、站 场

(1)开、竣工报告及批复文件。

(2)变更设计通知单。

(3)土石方数量汇总表。

(4)轨道工程数量表。

(5)工程数量汇总表。

(6)站内平(立)交道表(建交—15)。

(7)站场设备表(包括客运、货运、调车及安全设备等)。

(8)检查路基基底(铁程检—05)。

(9)检查铺轨前路基完成情况(铁程检—7)。

(10)路基高程及宽度实测与设计对照表(铁程检—07 附)。

(11)路基填土夯实检验记录(铁统—41)。

(12)站线线路上部建筑铺设材料汇总表(建交—14)。

(13)站内站台、雨棚、天桥、地道、平过道、检票口、栅栏、围墙、给水台、贮水台、检查坑、进站道路、进站台阶、货场道路、站名牌等各项工程的施工资料及图。

(14)装卸机械设备表,可填(建交—25)。

(15)单位工程质量检验评定表(铁程检—47)。

(16)站场平面布置图(包括站房、进站公路)。

(17)站场纵、横断面图。

(18)站场排水系统竣工图。

(19)进出站线路布置和疏解平面布置及纵断面图。

(20)较长联络线纵断面图。

(21)驼峰线路竣工图包括:

1)驼峰线路平面图。

2)驼峰线路纵断面图与能高线图。

3)驼峰线路车辆溜放间隔检查图。

4)减速顶布置图。

5)驼峰管线综合布置图。

(22)大站车场综合布置图。

(23)避难线竣工图。

(24)站区绿化竣工图。

(25)维修设施总平面布置图。

(26)各生产车间设备平面布置图。

(27)室内、外生产管路布置图,包括:

1)平面图。

2)剖面图。

3)复杂管系的原理图及立体图。

4)设备基础图。

(28)工程日志。

(29)工程施工小结。

(30)工程竣工验收报告。

八、机　　务

新建机务段应包括以下内容：

(1)开、竣工报告及批复文件。

(2)竣工工程数量表。

(3)设备开箱检查证(铁程检—43)。

(4)设备安装检查证(铁程检—44)。

(5)设备基础隐蔽工程检查证(铁程检—45)。

(6)机务运转准备设备表(建交—18)。

(7)燃料设备表(建交—24)。

(8)标准、非标准机械设备表(建交—25)。

(9)各种机械出厂合格证、图纸、说明书(交使用单位)。

(10)单位工程质量检验评定表(铁程检—47)。

(11)机务段及折返段(所)总平面布置图(包括房屋、轨道、道路、建筑物、给水、排水系统等)。

(12)整备各车间设备平面布置图。

(13)车库及其他车间设备平面布置图。

(14)室内、外生产管路竣工图。

(15)室外管线综合布置图。

(16)专用设备图。

(17)机械设备基础竣工图。

(18)车站与机务段关系示意图。

(19)油库及管路平面布置图。

(20)工程日志。

(21)工程施工小结。

(22)工程竣工验收报告。

九、车　　辆

新建车辆段应包括以下内容：

(1)开、竣工报告及批复文件。

(2)竣工工程数量表。

(3)设备开箱检查证(铁程检—43)。

(4)设备安装检查证(铁程检—44)。

(5)设备基础隐蔽工程检查证(铁程捡—45)。

(6)标准、非标准机械设备表(建交—25)。

(7)各种机械设备出厂合格证、图纸、说明书(交使用单位)。

(8)燃料设备表(建交—24)。

(9)单位工程质量检验评定表(铁程检—47)。

(10)车辆设备总平面布置图。
(11)主要检修生产车间及各生产分车间设备平面布置图。
(12)其他生产辅助房屋及办公室平面布置图。
(13)列检所位置及室外列检设备平面布置图。
(14)列检所房屋及室内设备平面布置图。
(15)室内、外生产管路布置图。
(16)室外管线综合布置图。
(17)机械设备基础图。
(18)红外线轴温探测系统探测网网络传输示意图。
(19)红外线轴温探测站位置图。
(20)红外线监测中心、复示站室内设备平面布置图。
(21)工程日志。
(22)工程施工小结。
(23)工程竣工验收报告。

十、给水排水

给水排水工程包括:
(1)开、竣工报告及批复文件。
(2)给水排水工程数量汇总表。
(3)给水排水设备数量汇总表(建交—19)。
(4)变更设计通知单。
(5)检查水源井(铁程检—06)。
(6)水源水质化验单。
(7)既有污水水质化验单。
(8)检查水管路安装及水压试验情况(铁程检—08)。
(9)检查钢筋布置(铁程检—14)。
(10)检查房屋或其他建筑物工程地基(铁程检—17)。
(11)水资源开采许可证及与地方有关部门签订的协议。
(12)混凝土、砂浆试压报告。
(13)管路成品出厂合格证。
(14)设备开箱检查证(铁程检—43)。
(15)设备安装检查证(铁程检—44)。
(16)设备基础隐蔽工程检查证(铁程检—45)。
(17)各种机械设备出厂合格证、图纸、说明书(交接用单位)。
(18)准许污水排放的有关资料。
(19)单位工程质量检验评定表(铁程检—47)。
(20)给水站给水、排水总平面图。
(21)给水站给水、排水管网系统图。
(22)扬水、导水、排水管道平面图;纵断面图。
(23)水源地平面布置图及地质图。

(24)地表水取水设备纵断面图。

(25)管井结构图。

(26)山上给水池平面图、剖面图。

(27)给水所、给水处理、污水处理、污水抽升泵站、油库、消防等平、剖面图及机械、设备安装图。

(28)沿线生活供水站、点给水排水竣工图。

(29)工程日志。

(30)工程施工小结。

(31)工程竣工验收报告。

十一、通　　信

通信工程包括：

(1)开、竣工报告及批复文件。

(2)通信、信号、电力工程竣工数量表(建交—16)。

(3)变更设计通知单。

(4)通信设备、仪器、仪表配备表。

(5)利用原有设备、器材一览表。

(6)各种电话装设一览表。

(7)检查地下电缆埋设情况(铁程检—18)。

(8)检查通信电线路回线测定(铁程检—19)。

(9)检查地线埋设情况(铁程检—20)。

(10)检查通信电缆电气特征(铁程检—21)。

(11)长途电线路(含电缆)规划批准图及文件。

(12)各种电气、设备测试记录(交接管单位的维修部门)。

(13)单位工程质量检验评定表(铁程检—47)。

(14)通信网图。

(15)电话交换网图。

(16)铁路专用通信系统图。

(17)数据通信网图。

(18)各种管理信息系统图。

(19)同步网图。

(20)电信管理网图。

(21)SIM 系统 2Mb/Sj 以上通道分配图。

(22)时隙分配图。

(23)干线通信线路竣工图包括：

1)电缆回线运用图。

2)光、电缆线路竣工图。

3)光、电缆基本型式及分歧接续图。

4)光再生中继段划分、充气维护及监测系统图。

(24)通信站竣工图包括：

1)通信设备运用图、平面布置图。

2)沟、槽、管、洞平面布置图。

3)走线架、槽道平面布置图。

4)引入架塞孔、试验架塞孔分配图。

5)中间配线柜(架)端子板分配图。

6)音频配线架端子分配图。

7)通信、各种管理信患回线径路图。

8)备用话路径路图。

9)传输室配线图。

10)数字配线架端子板分配图。

11)电话交换机中继方式图。

12)总配线架端予板分配图。

13)电话交换室配线竣工图。

14)光、电缆引用室引入装置结构安装图。

15)光、电缆成端及气路分配图。

16)电源系统图。

17)电源配线竣工图。

18)接地装置总布置图。

19)接地系统及配线竣工图。

20)备用发电机房设备平面布置及沟、槽、管、洞竣工图等。

(25)地区及站场(区段站及以上大站)通信竣工图包括:

1)通信网图。

2)通信线路径路图。

3)电缆芯线分配图。

4)光、电缆系统图。

5)光、电缆管道平纵断面图。

6)电缆充气维护系统图。

7)重要房屋(调度所、通信及会议机械室、站调楼、信号楼、运转室等)通信竣工图包括:平面布置图;回线径路图;引入架、试验架塞孔分配图;中间配线柜(架)端子板分配图;配线(含电源)图。

8)电话集中机盘面布置图。

9)扩音设备系统图。

10)共用天线电视,闭路电视监视系统图。

11)大型房屋室内通信系统图。

12)大型房屋室内通信设备布置、配线及沟、槽、管、洞。

13)各种管理信息系统设备平面布置及配线图。

14)铁路专用通信回线径路图。

15)光、电数字系统回线径路图。

16)音频配线架端子板分配图。

(26)无线通信竣工图包括:

1)无线列调组织系统图。
2)无线列调车站设备平面布置图。
3)无线列调车站设备配线图。
4)无线列调车站设备安装图。
5)无线列调机车设备平面布置图。
6)无线列调机车设备配线图。
7)无线列调机车设备安装图。
8)无线列调中继器、区间设备平面布置图。
9)无线列调车站电台场强覆盖示意图。
10)漏泄电缆、中继器、功分器接续及安装图。
11)站场无线通信组织系统图。
12)站场无线通信设备平面布置及安装图。
13)站场无线通信固定天线安装图。
14)无线检修所设备平面布置及沟、槽、管、洞图。
15)重要房屋、无线设备安装及配线图。
16)集群通信组织系统图。
17)集群通信设备平面布置及配线图。
18)微波传输系统图。
19)微波传输径路平、纵断面图。
20)微波通信设备平面布置及配线图。
21)微波铁塔位置图。
22)卫星通信系统图。
23)卫星通信设备平面布置及配线图。
24)各天线布置、安装、防雷及接地装置图。
(27)车站客运管理信息系统竣工图包括:
1)列车到发通告系统图。
2)客运广播系统图。
3)旅客引导显示系统图。
4)旅客问讯系统图。
5)综合显示屏系统图。
6)电视监测系统图。
7)电子客票(软票)售票及预订系统图。
8)自动识别检票系统图。
9)发送行包检斤、制票系统图。
10)到达行包查询管理系统图。
11)中转行包管理系统图。
12)计划、统计信息系统图。
13)人事、劳资信息系统图。
14)财务管理信息系统图。
15)车站综合管理信息系统图。

16)其他业务管理信息系统图。
17)N 区 N 层客运管理信息系统沟、槽、管、洞图。
18)N 区 N 层客运管理信息系统平面布置图。
19)N 区 N 层通信管线图。
20)N 区 N 层火灾目动报警监视系统。
21)通信设备管线图。
22)高架候车厅客运管理信息沟、槽、管、洞图。
23)高架候车厅客运管理信息平面布置图。
24)高架候车通信管线图。
25)高架火灾自动报警监视系统及通信设备管线图。
26)车站配合工程通信管线图。
27)各系统配线图。
(28)各种机械、电缆、设备出厂合格证、图纸、说明书(交使用单位)。
(29)工程日志。
(30)工程施工小结。
(31)工程竣工验收报告。

十二、信　　号

信号工程包括:
(1)开、竣工报告及批复文件。
(2)通信、信号、电力工程竣工数量表(建交—16)。
(3)信号设备数量表。
(4)联锁表。
(5)继电集中联锁组合排列表和零散组合类型表。
(6)计算机联锁接口电路组合排列表及零散组合类型表。
(7)变更设计通知单。
(8)检查地下电缆埋设情况(铁程检—18)。
(9)检查地线埋设情况(铁程检—20)。
(10)信集闭设备基础检查证(铁程检—46)。
(11)各种电气、设备测试记录(只交接管单位的设备维修部门)。
(12)单位工程质量检验评定表(铁程检—47)。
(13)电锁器联锁竣工图包括:
1)信号设备平面布置图及联锁图。
2)信号室内设备布置示意图。
3)控制台盘面示意图。
4)电路图。
5)室内配线图。
6)室外配线图。

7)非标准设备安装图。

(14)电气集中连锁竣工图包括:

1)信号设备平面布置图。

2)室内信号设备布置示意图。

3)双线轨道电路图。

4)电缆网络图。

5)室外电缆布置及防护示意图。

6)室内配线图。

7)室外配线图。

8)信号显示关系图。

9)非标准设备安装图。

10)继电集中联锁还应附加控制台、表示盘及其他盘面布置图;组合连接图;电路图;继电集中与各种设备结合电路图。

11)计算机联锁竣工图还应附加:控制台、表示盘(或 CRT)及其他盘面布置图;计算机联锁系统结构图;计算机联锁系统设备配置示意图;输入、输出接口电路图;计算机联锁系统防雷设备示意图;计算机联锁电源系统配置示意图。

(15)驼峰信号竣工图包括:

1)驼峰信号设备(含调速设备)平面布置图。

2)室内信号设备布置示意图。

3)驼峰控制台盘面布置示意图。

4)进路控制、溜放速度控制等系统结构图。

5)动力设备、风(油)管路等设备布置示意图。

6)接口电路及联系电路图。

7)电缆网络图。

8)室外电缆布置及防护示意图。

9)室内、室外配线图。

10)非标准设备安装图。

11)驼峰信号电源系统配置示意图。

(16)区间信号竣工图包括:

1)区间信号平面布置图(含道口信号)。

2)区间电缆径路及防护示意图。

3)电路图。

4)配线图。

5)非标准设备安装图。

(17)调度集中或调度监督竣工图包括:

1)调度集中或调度监督系统结构图。

2)调度所室内设备布置示意图。

3)调度区段按序列排列站形图。

4)调度所表示盘面与操纵箱盘面布置图。
5)编码图。
6)分机与电气集中(或计算机联锁)结合电路图。
7)自动闭塞检测系统图。
8)非标准电路图。
9)配线图。
10)非标准设备安装图。
(18)其他信号设备竣工图。
1)道口信号设备布置图。
2)隧道防护信号设备布置图。
3)信号检修、测试设备室内布置示意图。
4)机车信号检修、测试设备室内布置示意图。
5)电路图。
6)配线图。
7)非标准设备安装图。
(19)各种机械设备出厂合格证、图纸、说明书(进口设备应有中外文两种文字的资料)。
(20)工程日志。
(21)工程施工小结。
(22)工程竣工验收报告。

十三、电　力

电力工程包括:
(1)开、竣工报告及批复文件。
(2)通信、信号、电力工程竣工数量表(建交—16)。
(3)送电线路数量表(建交—22)。
(4)配电线路数量表(建交—22)。
(5)电力设备数量表。
(6)导线安装曲线或安装表。
(7)变更设计通知单。
(8)检查地下电缆埋设情况(铁程检—18)。
(9)检查地线埋设情况(铁程检—20)。
(10)主变压器安装技术检查证(铁程检—22)。
(11)牵引变压器安装技术检查证(一)、(二)(铁程检—23)。
(12)各种电气、设备测试记录(只交接收单位的维修部门)。
(13)设备开箱检查(铁程检—43)。
(14)设备安装检查(铁程检—44)。
(15)设备基础隐蔽工程检查(铁程检—45)。
(16)单位工程质量检验评定表(铁程检—47)。

(17)发、变、配电所竣工图包括：

1)总平面布置图。

2)电气主接线图。

3)室内设备平面布置图。

4)室内设备布置断面图。

5)室外交、配电设备平面布置图。

6)室外变、配电设备布置断面图。

7)设备基础平面布置图。

8)架构组装图及零部件图。

9)二次接线图。

10)端子排接线图。

11)屏面布置图。

12)自动化装置配置图。

13)所有电交直流系统图。

14)电缆布置及电缆清册图。

15)照明及动力配线图。

16)防雷保护、接地图。

17)电力调度中心平面布置图。

18)远动系统图。

19)远动装置外部接线图。

20)远动装置端子排接线图。

21)远动装置接地图。

22)电力调度中心用电系统图。

(18)站内电力线路竣工图包括：

1)线路平面图。

2)线路供电系统图。

3)复杂地段电缆敷设图。

4)非标准杆塔、灯塔、灯桥图。

5)室外开关箱图。

6)站场照明控制系统图。

(19)供电线路(电源、贯通线路及区间其他高压电力线路)包括：

1)线路平面图。

2)复杂地段断面图。

3)复杂地段电缆敷设图。

4)非标准杆塔图。

5)设备安装图。

6)防雷保护、接地图。

(20)动力配线竣工图包括：

1)平面布置图。
2)配电系统图。
3)复杂动力设备电气主接线及控制接线图。
4)设备安装图。
5)防雷保护、接地图。
(21)室内、外照明(不含超高层建筑)包括：
1)平面布置图。
2)配电系统图及控制接线图。
3)防雷保护、接地图。
(22)自动控制竣工图包括：
1)控制室平面布置图。
2)配电系统图。
3)控制系统图或框图。
4)控制设备外部接线图。
5)控制系统接地图。
(23)各种机械出厂合格证、图纸、说明书(交使用单位)。
(24)供电协议。
(25)工程日志。
(26)工程施工小结。
(27)工程竣工验收报告。

十四、电 气 化

电气化工程包括：
(1)开、竣工报告及批复文件。
(2)工程竣工数量表。
(3)变更设计通知单。
(4)电气化设备表(建交—20)。
(5)接触网主要工程数量表(建交—21)。
(6)送电线路数量表(建交—22)。
(7)配电线路数量表(建交—23)。
(8)电缆清册。
(9)牵引变压器安装技术检查证(一)(二)(铁程检—23)。
(10)设备开箱检查(铁程检—43)。
(11)设备安装检查(铁程检—44)。
(12)设备基础隐蔽工程检查证(铁程检—45)。
(13)锚板拉线,接地极埋设检查记录。
(14)少油断路器、真空断路器安置记录。
(15)变压电力电缆安装记录。

(16)各种电气、设备测试记录(只交接收单位的维修部门)。

(17)单位工程质量检验评定表(铁程检—47)。

(18)牵引变电所、开闭所、分区亭、电力调度所竣工图包括:

1)主接线图。

2)总平面布置图(含绿化)。

3)生产房屋平面布置图。

4)生产房屋设备及网栅布置图。

5)生产房屋母线布置图。

6)间隔断面图。

7)设备安装图。

8)防雷与接地平面布置图。

9)生产房屋预埋件位置图。

10)交直流自用电系统图。

11)二次回路接线图。

12)盘面布置图及控制盘盘面布置图。

13)主控制室配电盘布置及小母线配置图。

14)端子排接线图。

15)断路器机构箱安装接线图。

16)动力照明图。

17)电力敷设图。

18)基础平面布置图。

19)架构组装图及零部件图。

20)调度所平面布置及远动装置接地系统图。

21)远动范围图。

22)调度所所用电系统图。

23)远动装置系统图。

24)远动装置外部接线图。

25)调度盘、台面布置图。

26)电源盘盘面布置图。

27)远动装置安装图及房屋预埋件位置图。

28)远动装置、调度盘、台端子排接线图。

(19)接触网竣工图包括:

1)站场接触网平面布置图。

2)区间接触网平面布置图。

3)隧道内悬挂平面布置图。

4)供电线、回流线、捷接线、正馈线、保护线平面布置。

5)导线安装曲线。

6)设备安装图。

7)各类支柱安装图。

8)隧道内及下承式桁梁桥内悬挂安装图。

9)桥梁等大型建筑物上支柱安装图。

10)大型建筑物防护网栅图。

11)供电分段示意图。

12)非标准零件及基础图。

13)其他个别设计的竣工图。

(20)电力线路影响电气化铁路处理有关竣工图。

(21)各种设备、电力线、钢筋混凝土线杆出厂合格证、说明。

(22)工程日志。

(23)工程施工小结。

(24)工程竣工验收报告。

十五、房　建

房建工程包括:

(1)开工执照、竣工报告及批复文件。

(2)竣工数量表。

(3)房屋工点表。

(4)站场暖通、空调、卫生、消防设备表可填(建交—26)。

(5)站场设备构筑物表。

(6)站场设备数量表。

(7)站场暖通空调卫生消防设备工点表。

(8)变更设计通知单及施工变更洽商记录。

(9)施工图会审记录。

(10)检查房屋或其它建筑物工程地基(铁程检—17)。

(11)检查钢筋布置(铁程检—14)。

(12)检查各种建筑物防水层及泄水设备(铁程检—16)。

(13)检查给水管路安装及水压试验情况(铁程检—08)。

(14)设备开箱检查证(铁程检—43)。

(15)设备安装检查证(铁程检—44)。

(16)设备基础隐蔽工程检查证(铁程检—45)。

(17)混凝土、砂浆试压报告单。

(18)钢材、水泥、砂石料、砖等重要原材料出厂合格证或复试报告。

(19)成品、半成品混凝土构件出厂价合格证(如工地灌注的应附钢筋检查证及混凝土试压报告)。

(20)新工艺、新材料、新技术、新设备的试验、验收和鉴定记录或证明文件。

(21)电气工程线路系统的全负荷试验记录。

(22)结构工程的检查记录和历次中间检查记录。

(23)工程施工过程中发生的质量事故记录。

(24)建筑防火审批资料(按公安部颁发的《建筑工程消防监督审核管理规定》附件确定的消防监督送审各种申报表、审批表)。

(25)单位工程质量检验评定表(铁程检—47)。

(26)钻孔桩基础各种检查证及位置平面图。

(27)爆扩桩平面布置图及记录。

(28)房屋总平面布置图。

(29)各站房屋布置图。

(30)生活区房屋布置图。

(31)管线综合图(适应范围较大、房屋数量较多的生活区)。

(32)房屋、站场设备构筑物竣工图包括。

1)建筑平面图。

2)建筑立面图、剖面图。

3)建筑详图。

4)结构布置图。

5)构件详图、节点构造详图、基础详图。

(33)暖通空调卫生消防设备竣工图包括:

1)室外热网布置图。

2)采暖锅炉房竣工图。

3)室内采暖、通风、空调、制冷、给水、排水、热水供应、消防、燃气等竣工图。

(34)工程日志。

(35)工程施工小结(一个站的房屋不多,可按站做)。

(36)工程竣工验收报告。

十六、环境保护与水土保持

(1)环境保护与水土保持工程明细表。

(2)消防、环保、安全、医药卫生、空调设备表(建交—26)。

(3)环境保护与水土保持工程竣工图(分别编入各专业工程竣工图册内)。

十七、铁路用地

(1)铁路征用土地应包括的内容。

1)建设工程批准文件。

2)铁路建设用地(含征用、划拨、回收等)、青苗及拆除建筑物、构筑物补偿清册(建交—6)。

3)铁路用地界桩表(应与用地平面图上的地界、数量一致)(建交—7)。表中计算所得面积应与外界图计算面积相符,该表要加盖县(地区)土地管理局及乡、村公章。

4)铁路建设项目用地、拆迁及各项补偿全部完结结案表(建交—27)。

5)铁路建设补充耕地及交纳开垦费清册(建交—28)及有关协议证件。

6)铁路用地的耕地占用税证明或免税通知单。

7)收(付)款凭证。

8)铁路用地申请报告和各级地方政府历年批准征用土地文件,装订成册,并编印清单。

9)铁路用地总平面图(包括线路、住宅、站场、房屋、给排水管道、水塔、工厂、采石场等用地范围及地界标桩位置)及底图,竣工图上必须盖有地方政府图章。

①车站、区间地界图应分别绘制,两者以出站信号机为界,交界处须多绘出不少于50m的地形和地界。

②图中要显示被征地村界,村、乡、县交界处加盖公章。

③图纸应有大地座标方格网。

④新征土地应自起点,将不同类地块编顺号,图纸末尾绘制"征用土地数量明细表"表下加盖征地村公章。

⑤图纸封面加盖县(或区)土地管理局公章。

⑥建设项目改、扩建征地应绘出既有地界和新征地界。

10)县以上土地管理局发给的地籍图。

11)国有土地使用证。

12)建设工程用地小结。

(2)施工单位在征用土地涉及旧路界时,要对原路界的图纸进行核实,防止重征或开天窗。

(3)各单位零小基建、自建、战备工程发生征用土地时,也应按有关规定立卷归档,将地亩资料交有关单位的档案部门。

十八、关于各专业有关归档内容和份数的说明

为体现竣工文件收集内容上粗下细的原则,对以下归档内容确定了归档份数和接收单位:

(1)各专业工程日志,施工单位只做一份,交基层接收单位归档。

(2)原材料、成品、半成品出厂合格证及各种原材料复试报告,零小配件抽样检查合格证,施工单位只做一份;交基层接收单位归档。

(3)混凝土、砂浆试压报告,混凝土灌注记录,隧道压浆记录,路基填土夯实度试验报告,电气、设备测试报告,施工单位只做一份,交基层接收单位归档。

(4)各项设备出厂合格证、使用说明书、图纸,施工单位只做一份,交设备使用维修部门归档;

(5)站前工程项目分部、分项工程质量评定表可不归入竣工文件内,房建专业的分部、分项质量评定表可收集汇总表(只要一份)交基层接收单位归档。

(6)房建专业路局、分局、基层站段收集应各有侧重,具体规定如下:

1)路局接收机车车辆检修车间、工厂厂房、通信站、信号楼、站调楼、继电室、行车室、给水所、电气化铁路牵引变配电所,特、一、二等客站房、局机关办公楼、局直属文化宫、幼儿园、浴池、医院、学校、局机关职工宿舍整套竣工文件及图纸,沿线各站房屋平面位置图等。

2)分局接收机车车辆检修车间、工厂厂房、通信站、信号楼、站调楼、继电室、行车室、给水所、电气化铁路牵引变配电所,特、一、二等客站房,分局机关及下属站段办公楼、分局直属文化宫、幼儿园、浴池、医院、学校、分局机关职工宿舍整套竣工文件及沿线各站房屋平面位置图。

3)基层站段接收全部生产、办公、福利、生活等各类房屋。

(7)各铁路局、合资铁路公司、地方铁路公司档案部门在接收自建建设项目竣工文件同时,要向项目管理、设计单位收集建设项目的前期文件,包括项目立项、调研、可行性研究评估、决策,各阶段设计及项目安装、调试、涉外、科研、生产准备、试生产等工作活动中形成的文件。

(8)全路通信设备划归铁通公司管理后,各铁路建设项目通信专业的竣工文件交设备使用单位一份,其他随固定资产移交接管单位。

第四节　竣工文件装册

竣工文件的文整,是将收集的施工资料、图纸、工程日志,通过加工整理组成保管单位。整理的主要任务是:将应收集归档的施工资料编排好次序装订成册,粘上竣工文件软封面;对施工图纸进行修改,更换图标,按尺寸要求进行折叠或装订;对工程日志进行整理,去掉空白页,对重要内容进行摘抄,装订成册,粘上软封面;对卷内施工资料、工程日志、图纸编张号,填写卷内目录、备考表,装入铁道部统一规定的科技档案盒内。

一、施工资料的整理

(1)对已形成单位工程的施工资料进行排列,装订成册。其排列的顺序是:

1)开、竣工报告及批复文件;

2)工程施工小结;

3)竣工工程数量表;

4)变更设计通知单;

5)建交表;

6)各种检查证;

7)各种原始记录;

8)各种原材料、成品出厂合格证;

9)各种动力机械图纸、出厂合格证、说明书;

10)单位工程质量检验评定表(铁程检-47);

11)竣工验收报告;

12)其他报表和文字资料;

13)工程日志;

14)竣工图(按专业、图号排列)。

以上各项内容如组在同一卷内,由于保管期辗不同,整个案卷保管期限应从长。

(2)施工资料装订厚度控制在15~20mm之内,装订前先除去金属物,检查文件材料是否齐全,空白页是否去掉,有无颠倒、错页、重份,表格文头是否一律向上或向左,施工资料装订线是否预留,小于A4开纸是否粘贴在A4开纸上。文件材料采用尼龙细线在左侧装订,以打4个眼为宜,装订后用胶水粘上铁道部统一规定的竣工文件软封面(表6-4)。装订后要求结实牢固、整齐美观。

表 6—4 竣工文件封面

单位代号______________
种类代号______________
档 案 号______________

中华人民共和国铁道部

科 学 技 术 档 案

案卷标准___________________
____
施工里程___________________
竣工里程___________________
形成单位___________________
保管日期___________________
密　　级___________________

二、竣工图的修改和整理

竣工图是对工程实体的写照，是工程档案中最重要的部分，是工程移交的重要凭证，其修改、整理要求是：

(1)进铁道部档案馆的重点建设项目，要绘制正规的竣工底图。有的建设项目虽不属于进部档案馆，但图上有结构改变、工艺改变、平面位置改变，地下管线埋设位置等重大改变，或在一张图上改变部位超过35%，修改后图面混乱，应重新绘制。

(2)新绘制或修改的竣工图，应将图上的施工里程改为竣工统一里程，如线路平、纵断面图上应将桥、涵、隧、站、道口、水准基点、曲线始终点、百公尺标、公里标等都修改成统一里程(或称竣工里程)。路基设计宽度也应改为实际宽度。

(3)一个建设项目如一条铁路线的平、纵断面缩图，不能按施工管段分段绘制，应由建设单位(建设指挥部)统一组织绘制，以免影响使用效果。

(4)桥梁、房建专业在施工中如部分采用定型图、通用图，施工单位只需在竣工图上标明采用的图号即可，如整个建筑(房屋、水塔等)全部采用定型图、通用图时，施工单位应向维修部门提供一套完整的图纸。

(5)一般工程项目的图纸，应在新晒的设计蓝图上修改成竣工图，修改时应用碳素笔，不得用红色笔或圆珠笔。

(6)新绘制或用设计图修改的竣工图，都应将原图标更换成正规的竣工图标，大小尺寸应以能遮盖住原图标为准，图标内施工负责人等要签署齐全，法律手续完备。竣工图标应包括以下几项内容。

1)施工单位全称；

2)工程项目名称；

3)工程地点及单项工程名称、图纸所示部位；

4)施工、竣工里程；

5)开、竣工日期；

6)比例尺；

7)竣工图号(将设计图的"施"字改成"竣"字即可)；

8)制图、复核、主管工程师、项目负责人、处总工程师、处长、监理工程师等签字。

竣工图标式样可表6—5(信号竣工图标另行处理)。

(7)用设计图修改成竣工图时，应在原设计图标的位置上贴上竣工图标，并应全部覆盖，以起到否定原设计图的作用。贴上的竣工图标应蓝晒，不能用图章盖在白纸上。

三、竣工图的折叠和装订

(1)竣工图纸一般散装在盒内，不装订。竣工图折叠尺寸为297～210mm，为便于查阅；要求将图纸先折成210mm手风琴式，然后再折成297mm。为使图标外露，叠图时应从图标处往后叠。

(2)成套性使用的图纸应进行装订，如通信信号、各种标准、安装图册，装订尺寸为420～297mm，厚度不超过20mm。图纸装订成册后对折装在盒内。

(3)进铁道部档案馆的竣工底图，将一个单项工程图纸集中在一起，卷成卷，包上牛皮纸，编上临时卷号，交各铁路局、合资铁路公司、地方铁路公司等档案部门转交铁道部档案馆。

表 6—5　竣工图标

主管工程师		××第　　工程局 第　　工程处 ××铁路　　至　　段	图　　号	
项目负责人			比例尺	
处部工程师			开工日期	
处　　长			竣工日期	
监理工程师		施工里程：	制 图 者	
		统一里程：	复　　核	
25mm	20mm	90mm	25mm	20mm

180mm；左侧 5×10mm；右侧 6×8.33mm

注：1. 图标中施工单位采用 6 号字，工程名称及图名采用 7 号字，其余均采用 5 号字，如工程名称及图名字数较多时，可酌情缩小字号。

2. 如图名不能直接反映该图所属专业时，应在图名上方标明 * * 专业。

3. 竣工图号可按原施工设计图各专业图号编排，但需将施工图号的“施”字改成“竣”字。

四、工程日志的整理

（1）去掉空白页及“流水帐”，留下有参考价值的内容，必要时对内容进行摘抄。

（2）小桥，涵渠等按区间组成保管单位（卷）内的单项工程其工程日志，可集中在一起用尼龙细绳进行装订，厚度不超过 20mm，粘上统一规定的软封面（表 6—6）。

表 6—6　工程日志软封面式样

档案号：____________

工程日志簿

工程名称：________________

形成单位：________________

保管日期：________________

第　　册　　共　　册

五、卷内施工资料、工程日志，图纸编张号

将整理好的施工资料、工程日志、图纸按组成保管单位的要求装入统一规定的科技档案盒内，然后再编张号。一个保管单位内按施工资料、工程日志、图纸的先后顺序排列，统一编一个张号，不是一个保管单位，不能连续编张号。

(1)卷内张号的位置是：施工资料及工程日志在每一张的右上角(双面字页编一个张号)；图纸在图标的右上方。

(2)张号用打号机打印，或用碳素笔、蓝黑钢笔编写。

(3)一个保管单位内如只有图纸，且本身有张号，可不必另行编张号，如图纸与施工资料放在一个盒内，不管图纸是否有目录，应统一编张号。

(4)张号从施工资料的内容开始，统一用阿拉伯数字，从 001 起编，卷内目录、备考表、扉页、封面均不编张号。

六、填写卷内目录

每一个保管单位，均应填写卷内目录(表 6—7)以揭示每一个案卷的内容。

表 6—7　科技档案卷内目录式样

档案号：________

顺序号	图号或文件编号	名　　称	张　次	备　注

(1)卷内目录"名称"栏第一格应填写单项工程名称。

(2)将盒内每份施工资料、工程日志、图纸的内容逐项登在卷内目录"名称"栏第二格以后各格内,要填写文件,图纸标题全称。卷内目录"张次"栏内只需填该内容的首页号,不必填起、止号,但最终件注起止号(如最后一项内容只有一张是50号,也要填上50～50),这样能知道卷内总张数。

(3)文件、图纸如有编号的(即文件号、图号),应在卷内目录的"图号或文件号"栏内填写清楚。

(4)卷内目录应用碳素笔或蓝黑钢笔填写,要求字迹工整、清晰、文面整洁不得涂改。

(5)卷内目录应放在一个保管单位文件材料的前面(不装订在施工资料内)。

七、填写备考表

每个保管单位内均应填写一份备考表(表6—8),便于统计卷内文件、图纸总张数,了解卷内存在的问题。备考表放在一个保管单位文件材料图纸的后面。

八、竣工文件装盒

竣工文件按已组好的保管单位装入铁道部统一规定的盒内(盒的封面、脊背式样及规格尺寸见表6—9、表6—10,装盒的顺序是:卷内目录、施工资料、工程日志、图纸、备考表。

九、案卷封面和脊背的填写

(1)案卷封面分为案卷软封面和案卷盒封面两种,案卷盒封面为科技档案盒封面,案卷软封面在原科技档案盒封面基础上增加了施工里程和竣工里程两项,其他各项内容与科技档案盒封面内容相同。

(2)案卷标题:主要包括项目名称、单位工程内容、是文件材料还是图纸三要素,如××线××特大桥竣工资料及图。

(3)施工里程:为施工设计时采用的里程一般用DK表示。

(4)竣工里程:为建设项目竣工后统一丈量的里程一般用K表示。

(5)形成单位:为卷内文件材料或图纸形成的责任者。

(6)形成日期:为卷内文件材料或图纸形成的起止时间(填到月即可)。

(7)保管期限:根据内容重要程度按文件规定划定保管期限。

(8)密级:根据国家和铁道部有关规定填写。

(9)案卷软封面的案卷标题、施S—里程、竣S—里程、形成单位、形成日期、密级各项内容由施工单位填写:单位代号、种类代号、档案号、保管期限由接收单位填写。

(10)案卷盒封面及脊背各项内容由接收单位填写。移交单位只需将盒面填写各项内容写成纸条别在纸盒封面即可。

表 6—8　科技档案卷内备考表式样

档案号：＿＿＿＿＿＿

备　考　表

本案卷内共　　　　张，其中文字材料　　　　张，图样　　　　样，照片　　　　张，其他　　　　张。

说明：

组卷单位负责人：＿＿＿＿＿＿＿＿

组　卷　人：＿＿＿＿＿＿＿＿

职　　　务：＿＿＿＿＿＿＿＿

日　　　期：＿＿＿＿＿＿＿＿

表 6—9　科技档案盒封面式样

单位:毫米

单位代号____________
种类代号____________
档 案 号____________

中华人民共和国铁道部

科 学 技 术 档 案

案卷标准________________
____
形成单位________________
形成日期________________
保管期限________________
密　　级________________

220mm

注:1. “单位代号、种类代号、档案号”用三仿,“中华人民共和国铁道部”用一号宋,“科学技术档案”用 30×25 长牟体字,“案卷标题”等用三黑。

2. 字号符合用红色印刷。

表 6—10　科技档案盒脊背式样

单位:毫米

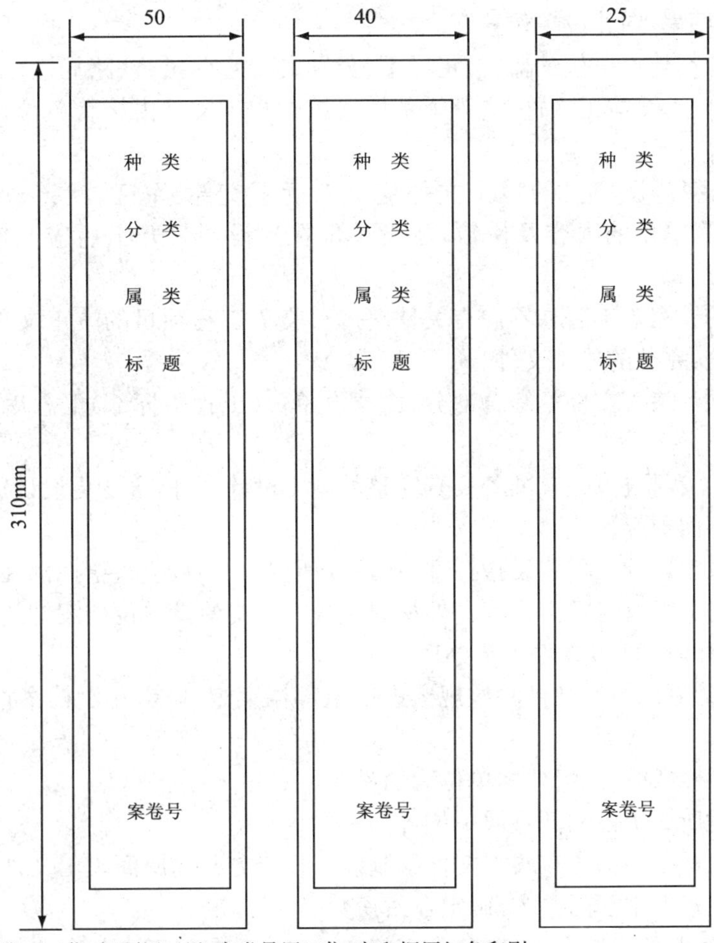

注:种类、分类、属类用三仿,标题用三黑,案卷号用四仿,字和框用红色印刷。

第五节　工程竣工文件交接

(1)凡竣工验收的建设项目,在办理验收交接前,施工单位应编好已完工程全部竣工文件(包括征地资料)达到档案验收标准,经初验工作组审查确认齐全、完整、准确后,交接管单位并按规定送上级档案部门归档。个别项目因故不能及时交接,由施工单位与接收单位共同协商交接时间,但最迟不得超过工程竣工验收后三个月。

(2)新增二线及旧线改造建设项目(包括分期分段、分区间、分站交付的工程)施工单位应在初验前七日向运营单位提供开办运营或生产所需的竣工资料及图纸,待整个建设项目全部竣工后再办理全部竣工文件的交接手续。

(3)一个建设项目的尾工工程,允许施工单位与原工程项目分开办理竣工文件的交接,即先交已完建设项目的文件,然后再交尾工项目的竣工文件,交接时间由双方商定。

(4)竣工文件的汇总和移交

1)建设项目实行总承包的,各分包单位负责收集、整理分包范围内的竣工文件,交总包单位汇总、整理。竣工时由总包单位向建设单位提交完整、准确的竣工文件。

2)建设项目由建设单位分别向几个单位发包的,各承包单位负责收集、整理所承包工程的竣工文件,交建设单位汇总、整理,或由建设单位委托一个承包单位汇总、整理。项目监理文件由监理部门收集、积累,向建设单位移交。

3)各施工单位在建设单位的监督、指导下,分别向接管单位(铁路局、合资铁路公司、地方铁路公司)档案部门移交竣工文件,进铁道部档案馆的竣工文件由接管单位档案部门代收,合格后转交铁道部。

4)铁路大、中型建设项目的竣工文件应交总后军交部、军区、武警总部(队)、地方政府土地管理部门等单位的内容及份数,建设单位在建设项目开工后应及时与上述单位联系确定。

5)合资修建的铁路竣工后如不向有关铁路局移交该工程项目的竣工文件,应向铁道部档案馆进馆一套齐全、完整的竣工文件。

6)一个建设项目竣工文件的综合部分,由建设单位(工程指挥部)汇总后直接交接管单位的档案部门。

7)建设单位(工程指挥部)应准备一套完整的施工设计文件(含变更设计部分)交工程项目接管单位的档案部门保存。

8)各建设单位派出的工程建设指挥部,在建设项目竣工后,应将指挥部在施工期间形成的有参考利用价值的文书、科技、声像等文件材料整理立卷交建设单位档案部门保管。会计档案的归属应按办档〔1998〕22 号文件规定办理。

(5)施工单位编制的竣工文件除按规定进铁道部档案馆、城市建设档案馆外,交接管单位的份数是:

1)各铁路局、基层站段二级建档单位为两份。

2)铁道部其他所属单位和部直属单位各为一份。

3)合资铁路工程指挥部应在竣工文件编制前与投资方共同协商竣工文件的份数和归属。

4)各施工单位根据本部门要求,确定自留份数。

(6)竣工文件编制两份以上,应区分为正副本。正本应是竣工文件主要材料的原始件。各种文件材料只有一份的(不含各种原始记录),应列入正本。正本应交各铁路局、合资铁路公司、地方铁路公司、部直属单位的档案部门。第一副本交基层设备维修使用部门。工程日志、混凝土及砂浆试压报告、填土夯实度试验报告、电气设备测试报告、原材料出厂合格证和复试报告、设备和成品、半成品的出厂合格证、说明书及图纸等,只需制作一份,纳入第一副本。铁路分局、城建档案馆均为第二、三副本,征购土地档案正本交分局或路局档案部门保管(竣工文件分送单位和数量见表 6—10)。

(7)建设项目竣工验收交接应有档案部门参加。在初验时,由建设单位组织监理、施工单位、接管单位的档案部门和业务部门共同组成档案检查专业组对竣工文件的内容是否齐全、完整,文整质量是否达到部颁要求等进行检查验收和确认(国家重点工程应由铁道部档案部门组织预验和档案专项验收确认),凡达不到要求的,应退回施工单位进行修改,达到规定标准。

(8)铁路建设单位应自建设工程竣工验收合格之日起 15d 内将档案接收部门出具的档案验收合格文件报建设行政主管部门或其他有关部门备案。

(9)施工单位在办理竣工文件交接时,应分别填写“移交清册和目录”(表 6—11、表 6—12)一式两份,交接双方各执一份,以备存查。

表 6—10　竣工文件分送单位和数量表

序号	文件名称	共计份数	分送单位和数量								备注
			路局	维修单位	主分管局	铁档道案部馆	城档案建馆	总军交建馆	军区	武察装总警部	
Ⅰ	全部施工设计文件一套	1	1								由建设单位提供
Ⅱ	全部竣工文件										
一	开、竣工报告及批复文件	4	1	1	1	1					
二	工程技术总结	4	1	1	1	1					
三	各项施工原始记录(包括工程日志)	1		1							
四	主要机械设备技术证书、使用说明书	1		1							
五	工程质量等级核验意见或结论	4	1	1	1	1					监理部门负责提供
六	竣工决算附表——四	4	1	1	1	1					
七	竣工验收证书或验收交接记录表	5	1	1	1	1	1				给城建有关部分
八	与建设项目有关的文件、电报、协议、合同、会议记录、照片、录像(音)带	1	1								
九	工程检查证	3	1	1	1						
	竣工图及建交表										
	(一)综合										
	1. 工程技术条件表(建交—1)	7	1	1	1	1	1	1	1		
	2. 车站表(建交—2)	7	1	1	1	1		1	1	1	
	3. 桥梁表(建交—8)	7	1	1	1	1		1	1	1	
	4. 旅客天桥、地道表(建交—10)	4	1	1	1	1					
	5. 涵洞表(建交—11)	3	1	1	1						
	6. 隧道及明洞表(建交—12)	7	1	1	1	1		1	1	1	
	7. 房屋总清册(建交—17)	7	1	1	1	1		1	1	1	
	8. 消防、环保、安全、医药卫生、空调设备表(建交—26)	6	1	1	1	1			1	1	
十	(二)线路										
	1. 线路竣工平、纵断面图	5	1	1	1	(1)	1				
	2. 线路竣工平、纵断面缩图	7	1	1	1	(1)		1	1	1	
	3. 水准基点表(建交—4—1)	4	1	1	1	1					
	4. 控制桩表(建交—4—2)	4	1	1	1	1					
	5. 统一里程与施工里程对照表(建交—5)	4	1	1	1	1					
	6. 正线线路上部建筑铺设材料汇总表(建交 13)	3	1	1	1						
	7. 平(立)交表(建交—15)	3	1	1	1						
	8. 养路机械设备数量表(建交—25)	3	1	1	1						
	(三)路基										
	1. 路基横断面图	3	1	1	1						

续上表

序号	文件名称	共计份数	分送单位和数量								备注
			路局	维修单位	主分管局	铁道部档案馆	城建档案馆	总军交建馆	军区	武警总装部	
十	2. 路基加固及防护工程数量表(建交一3)	3	1	1	1						
	(四)桥梁										
	1. 100m 以上大桥图	4	1	1	1	(1)					城市规划区范围应增加一份
	2. 100m 以下桥梁图	3	1	1	1						
	3. 钢梁挠度及振动试验表(建交一9)	3	1	1	1						
	(五)涵洞										
	涵洞图	3	1	1	1						
	(六)隧道										
	1. 3km 和三线以上隧道	4	1	1	1	(1)					城市规划区范围应增加一份
	2. 一般隧道	3	1	1	1						
	(七)站										
	1. 站场平面布置图	8	1	2	1	(1)	1	1	1		特一、二等站进馆
	2. 站场纵、横断面图	3	1	1	1						
	3. 站线线路上部建筑铺设材料汇总表(建交 14)	3	1	1	1						
	4. 室外管线综合布置图	3	1	1	1						
	5. 机务运转整备设备表(建交一18)	3	1	1	1						
	6. 燃料设备表(建交一24)	3	1	1	1						
	(九)车辆										
	1. 车辆设备总平面布置图(含站段关系图)	4	1	1	1	(1)					总平面图进馆
	2. 室外管线综合布置图	3	1	1	1						
	3. 室内外生产管线布置图	3	1	1	1						

续上表

序号	文件名称	共计份数	分送单位和数量								备注
			路局	维修单位	主分管局	铁道部档案馆	城建档案馆	总军交建馆	军区	武警装备总部	
十	(十)给水排水										
	1. 给水站给水排水平面管网系统图	4	1	1	1	(1)					
	2. 扬水、导水、排水管道平、纵断面图	3	1	1	1						
	3. 水源地平面图及地质图	3	1	1	1						
	4. 地表水取水设备纵断面图	3	1	1	1						
	5. 管井结构图	3	1	1	1						
	6. 给水排水设备数量汇总表(建交一19)	4	1	1	1	1					
	(十一)通信										通信设备除交路局一份外其余均交铁通公司
	1. 通信网图	4	1	1	1	(1)					
	2. 干线通信线路竣工图	3	1	1	1						
	3. 通信站竣工图	3	1	1	1						
	4. 地区及站场通信竣工图	3	1	1	1						
	5. 无线通信竣工图	3	1	1	1						
	6. 车站客运系统信息系统竣工图	3	1	1	1						
	7. 通信工程竣工数量表(建交一16)	4	1	1	1	1					
	(十二)信号										
	1. 电锁器联锁竣工图	5	1	3	1						
	2. 电气集中联锁竣工图	5	1	3	1						
	3. 驼峰信号竣工图	5	1	3	1						
	4. 区间信号竣工图	5	1	3	1						
	5. 调度集中或调度监督竣工图	5	1	3	1						
	6. 其他信号设备竣工图	5	1	3	1						

续上表

序号	文件名称	共计份数	分送单位和数量								备注
			路局	维修单位	主分管局	铁道部档案馆	城建档案馆	总军交建馆	军区	武警装总部	
	7. 信号工程竣工数量表(建交-16)	4	1	1	1	1					
	(十三)电力										
	1. 发、配、变电所竣工图	3	1	1	1						
	2. 站内电力线竣工图	3	1	1	1						
	3. 供电线路竣工图	3	1	1	1						
	4. 动力配线竣工图	3	1	1	1						
	5. 室内、外照明竣工图	3	1	1	1						
	6. 自动控制竣工图	3	1	1	1						
	7. 电力工程竣工数量表(建交-16)	4	1	1	1	1					
	8. 送电线路数量表(建交-22)	4	1	1	1	1					
	9. 配电线路数量表(建交-23)	4	1	1	1	1					
十	(十四)电气化										
	1. 牵引变电所、开闭所、分区亭、电力调度所竣工图	3	1	1	1						
	2. 接触网竣工图	4	1	1	1	1					
	3. 电气化设备表(建交-20)	4	1	1	1	1					
	4. 接触网主要工程数量表(建交-21)	4	1	1	1	1					
	5. 送电线路数量表(建交-22)	4	1	1	1	1					
	6. 配电线路数量表(建交-23)	4	1	1	1	1					
	(十五)房建										
	1. 特等客站房及大型工厂	5	1	1	1	(1)	1				给城建规划内
	2. 生产及办公房屋	4	1	1	1					1	给当地武警总队有关部分
	3. 生活房屋	1		1							

续上表

序号	文件名称	共计份数	分送单位和数量								备注
			路局	维修单位	主分管局	铁道部档案馆	城建档案馆	总军交建馆	军区	武警装备总部	
十	4. 消防、暖通、空调、卫生设备表(建交－26)	4	1	1	1	1					
	(十六)环境保护与水土保持										
	1. 环境保护与水土保持工程明确表	3	1	1	1						
	2. 环境保护与水土保持工程竣工图(分别编入各专业竣工图内)	3	1	1	1						
	(十七)铁路用地										
	1. 建设工程批准文件	1	1								
	2. 铁路用地总平面图	4	2		1	(1)					
	3. 铁路建设用地、青苗及拆除建筑物补偿清册(建交－6)	2	1		1						
	4. 铁路用地界桩表(建交－7)	2	1		1						
	5. 铁路建设项目用地拆迁及各项补偿全部完结结案表(建交－27)	2	1		1						
	6. 铁路建设补充耕地及交纳开垦费消册(建交－28)及有关协议证件										
	7. 铁路用地的耕地占用税证明或免税通知单	2	1		1						
	8. 收(付)款凭证	1			1						
	9. 铁路用地申请报告和各级政府历年批准征用上地文件	2	1		1						

注:1. 进铁道部档案馆的图纸,一律进底图,用“(　)”表示,图纸总分数内摆括底图数。

2. 通信信号如不是新型的,进铁道部档案馆只需进平面图。

3. 进城建档案馆,是指在城市规划区范围内,如不属此范围可不进馆。

4. 报武装警察总部(队)房屋竣工图和竣工房屋总清册是指公安营房部分,白送军区的指公安营房及军需供应房屋和总平面缩图。

5. 铁路用地的收(付)款凭政绩其他文件材料、图纸的原件由分局或路局的档案档案部门保管。

6. 全部施工设计文件一套,由建设单位或派出的指挥部负责收集,交待管单位(各铁路局、合资铁路公司、地方铁路公司)。

表 6－11 档案(文件)移交清册式样

档案(文件)移交清册

项　　目：

共　　计：　　卷　　册　　张

移交目录页数　　页

移交单位：　　移交人：　　接收单位：　　接受人：

交接日期：　　年　　月　　日

表 6－12 档案(文件)移交目录式样

形成单位	形成时间	标题或文件内容	移交单位编号	盒	数量	接收单位	备考

参考文献

[1] 行业标准:铁路建设项目资料管理规程(TB 10443—2010)[S]北京:中国铁道出版社,2010.
[2] 行业标准:铁路建设工程监理规范(TB 10402—2007)[S]北京:中国铁道出版社,2007.
[3] 行业标准:铁路建设项目预可行性研究、可行性研究和设计文件编制办法(TB 10504—2007)[S]北京:中国铁道出版社.